CATALOGUE

DE LA

BIBLIOTHÈQUE

CHAMPFLEURY

PARIS

LÉON SAPIN, LIBRAIRE

3, RUE BONAPARTE, 3

—

1890

BIBLIOTHÈQUE

CHAMPFLEURY

LA VENTE AURA LIEU

Le Lundi 15 Décembre 1890, et les trois jours suivants

A DEUX HEURES PRÉCISES

HOTEL DES COMMISSAIRES-PRISEURS

RUE DROUOT, 9

SALLE N° 7, AU PREMIER

Par le ministère de M° LÉON TUAL, commissaire-priseur

RUE DE LA VICTOIRE, 56

Assisté de M. LÉON SAPIN, libraire

RUE BONAPARTE, 3

CONDITIONS DE LA VENTE

La vente se fait au comptant.

Les livres devront être collationnés dans les vingt-quatre heures de l'adjudication. Passé ce délai, ou sortis de la salle de vente, ils ne seront repris pour aucune cause.

M. L. SAPIN remplira les commissions des personnes qui ne pourraient assister à la vente.

Les acquéreurs paieront 5 pour 100 en sus des enchères, applicables aux frais.

CATALOGUE

DES

LIVRES RARES

ET CURIEUX

COMPOSANT LA

BIBLIOTHÈQUE CHAMPFLEURY

Avec une Préface de PAUL *EUDEL*

PARIS

LÉON SAPIN, LIBRAIRE

3, RUE BONAPARTE, 3

—

1890

ORDRE DES VACATIONS

Lundi 15 Décembre 1890

Mardi 16 Décembre

Mercredi 17 Décembre

Jeudi 18 Décembree

Environ 1500 volumes non catalogués, seront vendus en lots à la fi
de la quatrième vacation.

AVANT LA VENTE

A Bibliothèque bleue! C'est par elle que Champfleury a commencé sa bibliothèque! Il était alors commis dans une librairie du quai des Augustins. Mais s'il vivait au milieu des livres, il n'avait pas le droit de les lire. Le patron était intraitable là-dessus. Cependant, au moment de les mettre en paquets pour les expéditions, le jeune employé violait souvent la consigne et coulait, de côté, un regard curieux entre les feuillets des volumes. — Il s'instruisait ainsi à la dérobée.

Il habitait alors les combles de l'hôtel de Chimay et passait ses loisirs sur les quais, flânant d'un parapet à l'autre, du pont Neuf au pont des Saints-Pères, butinant de droite et de gauche dans les boîtes à deux sols. Il était déjà mordu par la belle passion du livre. Seulement comme il n'était pas riche, en attendant des jours meilleurs, il se contentait de Geneviève de Brabant, des Contes de Perrault, des Quatre fils Aymon, de la Vie de la belle Maguelonne, des Aventures de Fortunatus et du duc de Roquelaure, des Exploits de Vi-

docq et du Bonhomme Misère, un chef-d'œuvre inconnu qu'il devait plus tard, avec éclat, faire sortir de
l'oubli.

Il se formait ainsi peu à peu une petite bibliothèque
qui allait du *Miroir du pêcheur* aux *Entretiens bachi-*
ques, de la *Vie des Saints* à la *Clé des Songes*, du *Recueil*
des Cantiques au *Catéchisme poissard*, touchait à tout, à
la tragédie, à la farce et aux prières, depuis les soties et les
anciens noëls, jusqu'aux manuels d'argot et aux tréteaux
de la foire. Les exemplaires de cette vaste encyclopédie
étaient bien imprimés quelquefois avec des têtes de clous
sur du papier à chandelle, mais le futur écrivain, nous
l'avons déjà dit, ne pouvait faire autrement vu l'état de
sa bourse. Les livres qu'il achetait satisfaisaient du reste
ses goûts qui le poussaient vers les choses populaires.

Il se passionnait aussi pour les Biographies. La vie
des hommes illustres l'attirait. Il s'enthousiasmait au récit des efforts, des soucis, des luttes des hommes en
avant de leur époque et dont quelques-uns morts jeunes, pauvres et méconnus n'en avaient pas moins laissé
une traînée lumineuse dans le ciel des lettres, des sciences
et des arts. Comme il l'a dit plus tard, il puisait dans
cette lecture des forces pour le combat auquel il se pré-
parait.

Tel fut le point de départ de cette bibliothèque. Dans
un spirituel *Voyage autour de ma bibliothèque*, Champfleury a raconté lui-même l'histoire de son premier
fonds. Le temps a marché depuis, la petite Bibliothèque
bleue s'est quelque peu augmentée. Elle a fait la boule

de neige! C'est trois à quatre mille volumes qu'elle comprend maintenant, parmi lesquels des exemplaires rares et des plus curieux, comme on pourra en juger par le catalogue détaillé qui suit cette préface.

Peu de bibliothèques reflètent autant les préoccupations de celui qui l'avait formée. Elle est dans son ensemble la physionomie même de Champfleury. Il y a mis ses goûts, ses idées, ses sympathies, ses tendances, ses recherches pendant de longues années et sa curiosité s'est promenée à travers bien des sujets! La série sur le rire, le comique, le burlesque est admirable. Aucun autre catalogue n'a présenté jusqu'ici une collection aussi complète sur la céramique. Les chants et chansons populaires, l'imagerie d'Épinal, les légendes de la province forment, à coup sûr, des chapitres fort intéressants.

Mais c'est la première fois que les cureiux trouveront les études, les romans, les nouvelles de notre ami regretté, éparpillés pendant quarante années chez les principaux éditeurs de Paris. L'œuvre entière de Champfleury! Premières éditions, tirages à petit nombre, réimpressions précieuses, sur Chine, sur Hollande, sur Whatman et sur Japon! Tout est là : livres de joyeuse humeur, chefs-d'œuvre de drôlerie, critiques artistiques, études sentimentales, dissertations savantes, recueils de nouvelles, jadis alignés sur les rayons au milieu des cartons verts, des coffres peinturlurés et des dossiers gris crevant sous leur sangle dans la pièce étroite surchargée de papiers en désordre dont Champfleury avait fait à Sèvres son cabinet de travail.

Certainement rien n'y manque. Jugez-en plutôt. Voici *Chien-Caillou,* cette petite nouvelle de 1847 qui fut le point de départ de sa fortune littéraire ; le *Violon de faïence,* ce bréviaire de l'amateur de bibelot ; *M. de Boisdhyver*, l'histoire d'un petit collet très peu monté ; le *Secret de M. Ladureau*, un vrai vaudeville du Palais-Royal avec la gaîté comme metteur en scène. — Voilà les *Bourgeois de Molinchart* devenus proverbiaux comme certains types de Labiche et tirés jusqu'ici à cent mille exemplaires ; la *Petite Rose* racontant les amours touchantes d'une ingénue des Funambules, encadrées dans une description du boulevard du Crime, du théâtre de Deburau, du café Achille et du jardin Turc.

Viennent ensuite : les *Demoiselles Tourangeau,* un drame d'observations physiologiques prises sur le vif ; la *Belle Paule*, dédiée à Victor Hugo, une raillerie fine et transparente contre l'Académie ; les *Amis de la Nature*, étude sur le Sylvain de la forêt de Fontainebleau ; la *Pasquette*, un roman de mœurs villageoises, écrit pendant la guerre ; les *Amoureux de Sainte-Périne*, révélations curieuses sur les passions, les manies et les faiblesses des vieillards ; la *Succession Le Camus*, le récit d'un héritage au tour duquel s'agite la foule avide de prétendants ; les *Aventures de Mademoiselle Mariette,* une Manon réaliste qui servit de modèle à Mürger pour sa Musette de la Vie de Bohème ; les *Excentriques*, une satire à l'adresse des détraqués et de certain philosophe illuminé qu'il trouva un jour aux pieds de Mariette.

Quel bagage littéraire ! quelle fécondité inépuisable ! Citons encore : *Fanny Minoret*, une peinture mordante du monde des fonctionnaires ; la *Mascarade de la vie parisienne*, interrompue subitement en 1859 dans l'*Opi-*

nion Nationale, à la suite de la description du café du
Géant, qui paraîtrait maintenant bien inoffensive en ce
temps de naturalisme à outrance. La presse d'ailleurs
s'acharnait après ce roman. Laurent-Pichat écrivait :
C'est une idylle de la rue Mouffetard ! Littérature de
chiffonnier ! disait un autre. Danse macabre des gue-
nilles ! clamait un troisième. Raphaël a fait la Vierge à
la chaise, vous avez fait la Vierge aux asticots, s'écriait
Alphonse Duchesne. Audacieux Champfleury ! Il stupé-
fiait Armand de Pontmartin et consternait Louis Veuil-
lot ! Cependant toutes ces critiques ne le remuaient guère.
Il haussait les épaules quand on l'appelait Pierrot fa-
rouche, Bobèche perfide, Rétif sans orthographe, Cise-
leur de trivialité. Rien n'ébranlait ses convictions littéraires. Il restait impassible, dédaigneux de l'outrage,
et continuait son œuvre avec persévérance.

Il tenait avant tout à écrire des choses vécues, à cre-
ver les vieux moules, à saisir les hommes et les choses sur
le fait. Flageller les préjugés, expliquer la vie domestique
en prenant ses caractères dans la nature : tel était son souci
constant. Il avait la passion de la vie réelle. Son maître
était Balzac. Moraliste vif et spirituel, s'il ne s'attardait
pas à fourbir sa phrase, c'était souvent chez lui absolument voulu. Il avait là-dessus toute une théorie : la
forme devait simplement et strictement revêtir le sujet,
rien de plus ! Il l'avait dit dans son livre sur *le Réalisme*
et il le répétait, toutes les fois que la polémique lui en
fournissait l'occasion.

Revenons à ses œuvres multiples, car il passait du

roman aux études artistiques. S'il savait faire rire, il savait aussi être savant. Il avait l'esprit et l'érudition. On trouvait chez lui le chercheur mordant et l'homme de cabinet qui s'enferme de longues heures et même de longues années pour conduire une idée à bonne fin. Toutes ces qualités se combinèrent dans cette merveilleuse série de six volumes sur la Caricature à travers les siècles qui figure dans sa bibliothèque. D'autres s'en fussent fait des titres à l'Académie des Inscriptions et Belles-Lettres. Où retrouver en effet une plus curieuse et plus complète étude de l'esprit satirique partout où il a laissé sa trace? Ayant puisé ses documents à bonne source, sur les vases étrusques, les frontons des cathédrales, les miniatures du moyen âge, les gravures sur bois de la Renaissance, les canards de la Révolution, les lithographies de la Restauration et les journaux boulevardiers du second Empire, il avait tout interrogé, fouillé, disséqué, classé, annoté. Aussi, à côté de ce monument, gardait-il, comme témoins de ses recherches, les matériaux qui lui avaient permis de l'édifier. C'est dire que l'on rencontrera dans le catalogue une profusion de livres précieux et des plus rares sur Jocrisse, Paillasse, Cadet-Roussel, Mayeux, Joseph Prudhomme, Robert-Macaire, voire des numéros fort piquants sur Caragueuz, ce polichinelle libidineux des orientaux.

Je voudrais citer encore pour ceux qui ne pourront que parcourir ce répertoire si bien dressé par le libraire Sapin, son fournisseur attitré dans les dernières années, l'*Hôtel des Commissaires-Priseurs* bourré de renseignements sur les coulisses de la Bourse de la Curiosité; les

Chats, une étude révélatrice sur l'animal énigmatique, illustrée par des esquisses d'Eugène Delacroix et par des croquis du peintre suisse Gottfried Mind, dit le Raphaël des chats; la *Bibliographie céramique* faite à l'aide des documents recueillis pour former la bibliothèque de la manufacture de Sèvres; les *Frères Le Nain*, ces oubliés de l'école française qui, grâce à cette étude, ont repris leur rang parmi les peintres célèbres; les *Chansons populaires des provinces de France* en collaboration avec M. Wekerlin, chargé de la partie musicale. Champfleury m'a jadis conté comment l'idée lui était venue de publier ce recueil. Un ministre avait formé le même projet en 1852. Des demandes adressées par M. Ampère aux archéologues de tous les départements avaient fait affluer les renseignements au Ministère de l'Instruction publique. Une commission fut nommée pour le classement. Elle fit comme toutes les commissions, discuta beaucoup et n'aboutit à aucune conclusion. On mit les documents au grenier où ils sont probablement encore et le travail annoncé ne parut jamais. Champfleury, avec son opiniâtreté ordinaire, reprit le projet pour son compte et fit, lui-même, un livre qui restera.

Elle serait longue l'énumération des travaux de ce chercheur infatigable, si je voulais la faire complète, mais comment ne pas s'arrêter un instant sur les *Vignettes romantiques?* Nul mieux que Champfleury, qui avait vu la fin du romantisme, n'était placé pour écrire ce chapitre curieux de notre histoire littéraire. Ce fut en 1885 qu'il se

mit au travail, au moment où on le représentait si ami-
calement dans les journaux comme « vidé, aboli » dans
la porcelaine. Lassé peut-être, mais non rassasié de recherches, il répondit aux railleries en publiant chez
Dentu ce beau volume in-4° où il se promène quatre cents
pages durant, en compagnie de Devéria, Johannot, Rogier, Louis Boulanger, Célestin Nanteuil « le jeune
homme moyen âge » à travers ce passé de cape et d'épée.
Bien avisé le bibliophile qui se fera adjuger ce livre avec le
recueil spécial des 102 fumés, épreuves des gravures sur
chine volant, reproduisant les exagérations de costumes,
de gestes et de mise en scène des derniers troubadours !

Autour de ce monument élevé par lui à cette époque
empanachée, « l'historiogriphe » du romantisme devait
laisser dans sa bibliothèque les livres les plus rares des
Eugène Renduel, Ladvocat, Gosselin, Hippolyte Souverain et Ambroise Dupont, les éditeurs attitrés des
Hugolâtres et des Jeune-France. Il les avait jadis extraits
lui-même de la case des bouquinistes ou sortis des cata-
combes des anciennes librairies. Beaucoup portent le
timbre noir et gras du cabinet de lecture, cette cocarde
plus estimée aujourd'hui des bibliophiles que le plus
brillant des ex libris.

La plupart de ces ouvrages, épuisés maintenant, si
typiques avec leurs bois, leurs lettres ornées, leurs épi-
graphes étranges, leur typographie caractéristique sont en
« bonne condition » comme on dit au quai Malaquais. Ils
revivent tous par leurs livres ces fantaisistes bizarres de
1830 : Auguste Maquet qui signait alors Augustus Mac
Keat, Gérard de Nerval « un agité de talent », de son vrai
nom Labrunie, Petrus Borel le lycanthrope, en traduction

vulgaire « métamorphosé en loup », Philothée O'Neddy, « un métrique » comme l'appelait Théophile Gautier, dont on se disputait alors les ouvrages truculents, le journaliste Emile Cabanon qui avait « gracieusé » le public d'un *Roman pour les Cuisinières* et bien d'autres moins connus, personnalités tapageuses, diseurs de rien, pourfendeurs de brouillard, esbrouffeurs d'estaminet, rapins à la limoneuse chevelure qui buvaient du punch dans des crânes et qui, rentrés chez eux, prenaient en bons bourgeois « une infusion de camomille dans une tasse de porcelaine ».

Il serait trop long à dérouler le chapelet dithyrambique de toutes ces Mélodies, Rapsodies, Harmonies, Poésies de l'âme et Brises du soir. Contentons-nous d'indiquer au hasard quelques-unes des raretés qui défilent dans le chapitre sous le titre de Romantiques.

Les *Etoiles* d'Edouard Pouyat, magazine à l'usage des Bousingots, avec le frontispice de Provost.

Job ou les Pastoureaux, 1251, que l'auteur Francisque Michel dédie à trente personnes à la fois.

Sémiramis la Grande, de Desjardins, encore dans sa couverture d'ornements égyptiens, baptisée dans ses *Guêpes*, par Alphonse Karr, de tragédie en cinq coupes d'amertume.

L'*Écolier de Cluny ou le Sophisme*, de Roger de Beauvoir, broché non rogné, avec une abracadabrante vignette de Tony Johannot. Curieux opuscule très macabre, où Gaillardet a puisé, dit-on, l'idée de la Tour de Nesles.

Louisa ou les Douleurs d'une fille de joie, par l'abbé Tiberge, pseudonyme d'Hippolyte Régnier-Destourbet, brûlé comme les autres par la flamme romantique.

Encore un sans titre par un homme noir, blanc de vi-sage accompagné du portrait de l'auteur, Xavier Forne-ret, et suivi de cette réflexion : « Il est presque assez bien qu'on voie la tête qui a pensé ».

Stello ou les Diables bleus d'Alfred de Vigny, 1843. Première consultation du docteur Noir ; une petite pla-quette de huit pages introuvable aujourd'hui.

Chauvin romantique avec une parodie de la célèbre ballade à la lune d'Alfred de Musset, récitée par un Jean Jean benêt dont Sapin a reproduit la vignette.

N'oublions pas non plus le dahlia bleu des collec-tionneurs, le volume de poésie d'Edouard Thierry, les *Enfants et les anges*, édité en 1833 par Belin, accom-pagné d'eaux-fortes un peu jeunes du frère du poète, Joseph Thierry, qui acquit plus tard dans les théâtres une véritable réputation de décorateur habile. Il s'y ren-contre une certaine pièce du *Jour des Morts* où les fantômes lancent de terribles imprécations qui étonne-raient bien leur auteur, le plus modéré des critiques, s'il les relisait aujourd'hui. Mais à cette époque les écrivains avaient la fièvre : ils étaient tous « emballés » suivant l'expression de cette fin de siècle.

Emballée certainement la baronne Dudevant, alors très en collaboration avec Jules Sandeau auquel elle em-pruntait la moitié de son nom pour signer en 1831 son début dans la littérature : *Rose et Blanche ou la Comé-dienne et la Religieuse*, un roman que l'immortel au-teur de la *Petite Fadette* ne fit jamais réimprimer, sans doute à cause de la crudité de certains passages par trop naturalistes.

Entraîné aussi dans « la danse fatale du chœur

aérien », Arsène Houssaye signant du pseudonyme
d'Alfred Mousse son *De Profundis*, un des plus extra-
vagants et des plus lugubres romantiques non cité par
Asselineau, orné d'un frontispice à la manière noire,
où, sous un ciel traversé de nuages noirs, au milieu
d'un cimetière jonché de crânes dénudés, se dresse la
silhouette d'un monastère gothique, tandis qu'au premier plan un capucin valse avec une nonne et qu'un
squelette au « rire affreux » brandit un bâton pour
conduire cette danse macabre

..... dans l'ombre voltigeant.

A signaler encore parmi les oiseaux rares dans cette
grande volière romantique les deux volumes de Jules Janin : le *Deburau de 1833, histoire du théâtre à quatre
sous pour faire suite à l'histoire du Théâtre Français*,
habillé d'une couverture imprimée en couleur et rayée
de carreaux imitant la toile à paillasse. Sortis des presses
d'Everat, ces deux tomes ne forment guère, en leur ensemble, que le quart de ce que contient aujourd'hui un
volume de format in-18. Excellent système pour ne pas
bourrer un livre de remplissage.

Et du même J.-J. qui abusa tant de la manivelle du
feuilleton, le *Gâteau des rois*, grande symphonie fantastique comme on disait alors. Pas tendre pour le prince
des critiques, l'auteur de *Chien-Caillou*, car il dit
quelque part trop sévèrement selon nous :

« Janin publia depuis de gros in-8º d'un ennui considérable, on ne
les jugera pas sévèrement plus tard par la raison qu'il ne se trouvera
pas un critique assez intrépide pour les lire (Sèvres, 10 avril 1875). »

Fureteur persévérant, Champfleury avait fini par ren-

contrer un des seize exemplaires, avec l'encadrement
ogival de Gaston Falempin, du Bulletin de l'*Académie
Ebroïcienne* où collaborait en 1836 et en 1837 un groupe
de poètes de la Basse-Normandie. Exemplaire peut-être
unique ! A coup sûr rarissime. L'un de nos plus sympa-
thiques écrivains y retrouverait de sa prime jeunesse
des vers certainement oubliés.

A cette série romantique se rattache encore les œuvres de « ce polisson de Racine » dans une reliure à la
cathédrale de Thouvenin; *Sous les tilleuls,* d'Alphonse
Karr; la *Couronne de bluets,* accompagnée d'une mo-
ralité et d'une eau-forte d'après un dessin inédit de
Théophile Gautier; le *Hans of Iceland,* édité à Londres,
en 1825, avec les quatre eaux-fortes de George Cruiskhank, le grand caricaturiste anglais; les livres sur la
couverture desquels Gosselin annonçait la *Bossue* de
Victor Hugo, que devait illustrer Tony Johannot, et le roman de *Quiquengrogne* qui n'a jamais paru; les *Fleurs du
mal,* de Baudelaire, contenant les pièces supprimées par
le tribunal et un envoi à Champfleury de ce livre où il
avait mis, d'après ses propres paroles « tout son cœur,
toute sa pensée, toute sa religion, toute sa haine ». Puis,
à côté de la première édition du *Sabot rouge,* cette *Vie de
Bohème,* dont Mürger ne sortit que pour entrer à la
maison Dubois.

Enfin, comment ne pas citer, avant de clore cette
longue nomenclature de la grande épopée, la très rare
complainte rimée par George Sand : *Trente couplets
pour quatre sous sur la mort de François Luneau, dit Michaud, dédiés à Eugène Delacroix peintre en bâtiment
très connu dans Paris,* petite brochure de quelques

feuillets, parue en 1834, alors qu'Aurore Dupin n'était
pas encore séparée de son mari, car il figure, comme
maire de Nohant, au procès-verbal de cette haute fantaisie dont vous pouvez juger par ce dernier couplet :

> Qui qu'a fait ces hémistiches ?
> C'est Rozanne, Fleury, Ro
> Linat, Duteil, Bourgoin, Geo
> rge Sand qui n'est pas godiche
> En paraphrasant ce mor
> ceau sans beaucoup trop d'efforts.

Ab uno disce omnes. Cela suffit n'est-ce pas ?

Pour en finir avec les romantiques, je passerai rapi-
dement sur les volumes portant en tête des dédicaces.
Les *ex-dono* abondent dans cette série originale. Il en
est des plus précieux. De même pour les livres à épi-
graphes étranges. Victor Hugo avait cette spécialité. Il
les prenait dans les auteurs étrangers. Témoin son ΑΝΑΓΚΗ
de *Notre-Dame de Paris* et son apostrophe :

> De toto nada, de nodios nadie
>
> Calderon.

Lassailly, lui, en inventait. On pourra s'en faire une
idée par celle-ci qui est des plus bizarres et qu'on trouve,
comme profession de foi, dans les *Roueries de Trialph* :

> Ah !
> Eh ! Eh !
> Hi ! hi ! hi !
> Oh !
> Hu ! hu ! hu ! hu !

Et combien d'autres inscriptions sarcastiques, nar-
quoises et parfois incompréhensibles que les auteurs

se plaisaient à clouer comme des écriteaux sur la porte de leurs volumes.

Le biographe d'Henri Monnier ne pouvait manquer de posséder la suite presque complète des livres illustrés par le créateur du type immortel de Joseph Prudhomme : l'*Art de mettre sa cravate de mille et une manières enseigné en 18 leçons*, par le *baron Émile de l'Empesé*, la *Morale en action des fables des Lafontaine*, avec des vignettes dont la grande vigueur de touche rappelle la manière de Cruiskhank ; l'*Art de payer ses dettes sans débourser un sou par feu mon oncle*, voire les *Bas-fonds de la société*, imprimés pendant le second Empire sous le manteau de la cheminée, grâce à une autorisation spéciale d'un haut personnage de la cour, ami des lettres et des arts.

Les curieux trouveront aussi à glaner çà et là des envois d'auteurs modernes, de Zola, Manet, Sardou, Dumas fils, Jules Vallès et quelques prospectus de publications qui sont restées inédites, car Champfleury, comme il l'a dit lui-même, fut un homme de théorie bien plus que de pratique. Il avait des idées, il les regardait s'agiter dans son cerveau, les fixait parfois sur le papier, dépensait son argent à les habiller proprement. Il appelait imprimeur, dessinateur, coloriste à cette tâche et courait tout Paris pour trouver de l'écho à son idée. S'il ne réussissait pas, il ramassait en philosophe son projet dans l'un de ses nombreux cartons verts et passait à une nouvelle conception.

La préparation des œuvres posthumes de notre ami

regretté n'a pas permis de mettre dans ce catalogue tous les projets qu'il avait ébauchés. Les amateurs d'autographes rencontreront cependant dans cette vente quelques manuscrits d'œuvres déjà publiées. Ils sont écrits de cette petite écriture de chat fine comme des pattes de mouche, tracée souvent au milieu des pages avec de larges marges de chaque côté, et nécessitant presque toujours l'emploi d'une forte loupe pour la déchiffrer. J'ignore ce que les graphologues, qui l'ont certainement étudiée de près, ont pu en dire, je sais seulement que les typographes l'appelaient la *mort aux yeux*. Mais ils aimaient mieux encore composer du Champfleury que du Balzac. Ce dernier ajoutait d'innombrables béquets, l'autre retranchait sans cesse sur les épreuves d'imprimerie.

Collectionneur dans l'âme, Champfleury avait longtemps recueilli du vieux papier à ramages pour la couverture de ses livres. Il lui plaisait de les tapisser ainsi d'une gaie parure pour réveiller la monotonie du papier blanc et du noir des caractères. Il démolissait pour cela un tas de vieux bouquins, afin d'arracher aux gardes leurs papiers d'ornementation. Il en avait réuni de toutes sortes, parsemés d'étoiles, de singes, de papillons, de fleurs, de fruits, de bergerades, imitant l'indienne, la soie brochée, le velours de Gênes, reproduisant tantôt des palmes rouges aux reflets métalliques, tantôt des dispositions vertes sur des fonds dorés ou argentés. Il en eut bientôt une si grande variété qu'il ne trouvait plus rien de nouveau. Il songea alors à tirer un parti pratique de ces documents et à écrire l'histoire de la corporation de ces *papetiers colleurs de feuilles* qui tiraient leurs feuilles bariolées sur des planches de cuivre jaune à taille d'épargne, comme celle des bois destinés aux gravures de l'imagerie populaire. Il allait se livrer à un grand travail sur la grande fabrique d'Orléans quand la mort, est venue brusquement l'emporter.

On remarquera aussi dans ce catalogue la présence de nombreuses illustrations empruntées aux divers ouvrages de Champfleury et dont la plupart, prêtées obligeamment par la maison Dentu, enlèveront aux pages la sécheresse et la monotonie d'une longue nomenclature. En outre un tirage très restreint sur papier vergé a été fait pour les amis des livres. Il est destiné à être vendu. Il reproduit les divers ex-libris de Champfleury, quelques caricatures de lui et, d'après des photographies, une nombreuse série de portraits à différents âges de sa vie. On ne pourra plus désormais écrire sur l'auteur du *Violon de faïence* sans consulter cet exemplaire spécial. Les bibliophiles devront le conserver précieusement. Il sera dans leur bibliothèque comme l'épitaphe d'un écrivain qui avait pour lui la finesse d'observation, le relief mordant, la franche gaieté et qui fut le Teniers et le Van Ostade de la littérature dans la seconde moitié du dix-neuvième siècle.

Et maintenant disons un dernier adieu à cette bibliothèque constituée avec tant de peine. *Habent sua fata libelli!* Dans quelques jours le marteau du commissaire, commençant son œuvre, abattra toutes les pierres de cet édifice. Les acquéreurs bien avisés qui s'en disputeront les morceaux aux enchères de la vente publique ne le regretteront pas. Sans les connaître, nous leur adressons à l'avance toutes nos félicitations : chacun des numéros de ce catalogue porte avec lui le souvenir, l'âme et l'esprit de Champfleury. Il me semble que tous ces livres doivent regretter la main amie qui les prenait souvent sur leurs rayons. Au moment où ils vont être dispersés je les entends redire avec tristesse le nom de celui qui les avait tant aimés.

PAUL EUDEL.

BIBLIOTHÈQUE

DE

CHAMPFLEURY

BEAUX-ARTS

1. ADELINE (Jules). Brevière, dessinateur et graveur, rénovateur
de la gravure sur bois en France, notes sur la vie et les œuvres
d'un artiste normand, deux eaux-fortes, frontispice avec portrait, 4 vignettes d'après Gros, Barrias et Langlois, tirées sur
les planches originales gravées par Brevière. *Rouen*, 1876,
in-8, papier de Hollande, br. couv. imp.

> Un des 5 exemplaires, avec série complète des deux eaux-fortes avant et avec
> la lettre, etc. Envoi d'auteur.

2. ADELINE (Jules). Les Andelys, la statue de Poussin, etc.,
frontispice gravé à l'eau-forte. *Rouen*, 1875, in-4, br. couv.
imp. — Les Illustrateurs des vieilles villes, frontispice à
l'eau-forte. *Rouen*, 1881, br. in-8, couv. imp. — Hippolyte
Bellangé et son œuvre, avec eaux-fortes et fac-similé. *Paris*,

1880, in-8, br. couv. imp. — Les Sculptures grotesques et symboliques, Rouen et ses Environs. *Rouen*, 1879, in-12, vignettes, br. couv. imp.

3. AUTOGRAPHE (L') au Salon de 1864 et dans les Ateliers, 200 croquis in-4, obl. *papier de Chine*, dem.-rel. — Album autographique. L'Art à Paris en 1867, in-4, obl., figures, br. couv. imp. — Les Salons, dessins autographes de 314 artistes, 1868, in-4, obl. cart. de l'éditeur. — L'Autographe, 1864, in-4, obl. dem.-rel.

4. BÉRALDI (Henri). Les Graveurs du xixᵉ siècle, guide de l'amateur d'estampes modernes. *Paris*, 1885, 8 vol. in-8, figures, couv. imp.

Manque le tome 2.

5. BIOGRAPHIES, etc., 11 brochures, in-8 et in-12.

Oraison funèbre de Michallon, 1822, port. — Sauvons Courbet, par Bergerat, 1871. — Perraud, par Claudet, 1876. — Le Buste de Beatrix d'Este, par Courajod, 1877. — G. Pilon et le Tombeau de Birague, par Courajod, 1878. — Aperçus sur Donatello, par Prévost, 1878. — Les Peintres impressionnistes, par Duret, 1878.— Étude sur H. Régnault, 1879. — Notice sur Le Harivel-Durocher, 1879. — Max Claudet, statuaire Salenois, par Vingtrinier, 1880.— L'Œuvre gravé de Rembrandt, par Seymour, 1880.

6. BIOGRAPHIES, etc. Bernard Picart, Louis David, Puget, Bénvenuto Cellini, Ribera, Le Tintoret, etc. 9 brochures, br. in-8.

(*Extraits de Revues*).

7. BLANC (Charles). L'Œuvre complet de Rembrandt. Catalogue raisonné. *Paris*, 1857, 3 livraisons, in-8, 40 eaux-fortes, br. couv. imp.

8. BOETZEL (Album). Le Salon 1869, 1870. *Paris, Lahure*, 2 vol. in-4, figures, obl. cart. de l'éditeur.

9. BOUVENNE (Aglaüs). Catalogue de l'œuvre gravé et lithographié de Bonington, avec un portrait. *Paris*, 1873, in-8, papier vergé, br. couv. imp. — Théodore Chasseriau. Souvenirs et Indiscrétions. *Paris, s. d.*, in-8, figures, papier vergé, br. couv. imp. (Envoi d'auteur). — Catalogue de l'œuvre lithographié et gravé de Lemud. *Paris*, 1881, in-8, br. couv. imp.

10. BRAQUEMOND. Du dessin et de la couleur. *Paris, Charpentier*, 1885, in-12, br. couv. imp.

   Première édition, envoi d'auteur.

11. BURTY (Philippe) Chefs-d'œuvre des arts industriels, céramique, verrerie et vitraux, émaux, métaux, orfèvrerie et bijouterie, 200 gravures sur bois. *Paris, Ducrocq*, 1866, in-8, br. couv. imp.

   Envoi d'auteur.

12. BURTY (Philippe). Les Emaux cloisonnés, anciens et modernes. *Paris, s. d.*, in-12, fig., br. couv. imp.

13. BURTY (Philippe). Lettres de Eugène Delacroix, recueillies et publiées par Burty, avec un fac-similé de lettres et de palettes. *Paris*, 1878, in-8, cart. non rog.

14. BURTY (Philippe). Froment-Meurice, argentier de la ville. *Paris, Jouaust*, 1883, in-4, figures, br. couv. imp.

15. CATALOGUE de tableaux, études et dessins, d'après nature, par Chintreuil. *Paris*, 1875, in-8, eaux-fortes, br. couv. imp.

16. CELLINI (Benvenuto). Mémoires, écrits par lui-même et traduits par Leclanché. *Paris, Labitte, s. d.*, in-12, cart. non rog. couv. imp.

17. CHARCOT ET RICHER. Les Démoniaques dans l'art, avec 67 figures intercalées dans le texte. *Paris*, 1887, in-4, br. couv. imp.

   Envoi des auteurs.

18. Courbet (Gustave). Exposition des œuvres de G. Courbet,
à l'Ecole des Beaux-Arts, 1882, in-18, br. couv. imp. —
Catalogue de 33 tableaux et études par Courbet, et dépendant
de sa succession. 1881, in-8, br. couv. imp. — Affiche,
prospectus, etc.

Portrait de Courbet

19. Cousin (Jean). 3 brochures, couv. imp. Une gravure de
Jean Cousin, à la date de 1582, par Monceaux, 1878, in-4. —
Quelques preuves sur Jean Cousin, peintre, etc., par Lobet,
avec 32 gravures, 3 portraits, etc., 1881. — Inauguration de
la statue de J. Cousin, à Sens, br. in-12.

20. DANTAN (chez), par Eugène Guinot. *s. l. n. d.* — Catalogue des bustes, statuettes, charges caricatures et de Dantan jeune. *Lille* 1862. — Charges et bustes de Dantan jeune, esquisse biographique, par Dr Viro, 1863. — Le Musée musical de Dantan jeune, par Galoppe d'Onquaire, 1862. Ensemble 4 fr. in-8 et in-12, couv. imp.

21. DELABORDE (Vicomte Henri). La Gravure en Italie, avant Marc-Antoine, *Paris*, 1883, in-4, figures, br. couv. imp.

22. DELACROIX (Eugène), 4 brochures in-8, couv. imp.

> Vente Eugène Delacroix, 1864, avec les prix : — E. Delacroix à l'exposition du boulevard des Italiens, par H. de la Madelène, 1864. — E. Delacroix, par Th. Silvestre, portrait. — Tableaux, aquarelles, dessins, croquis, etc., par E. Delacroix, 1865.

23. DELACROIX (Eugène). Eugène Delacroix, documents nouveaux, par Th. Silvestre, 1864, in-12, br. couv. imp. — Exposition des œuvres d'Eugène Delacroix, 1864, in-12, br. couv. imp. — Thomas Lawrence, par Eugène Delacroix *(Ext.)*.

24. DESMAZE. Maurice Quentin de La Tour, peintre du roi Louis XV. *Saint-Quentin*, 1873, in-8, br. couv. imp. Lettre de l'auteur ajoutée. — Catalogue de la collection des pastels de de La Tour. *Saint-Quentin*, 1866, in-8, br. couv. imp.

25. FILLON (Benjamin). Pour qui fut peint le portrait d'Erasme, par Hans Holbein. — Nouveaux documents sur Marc-Antoine Raimondi. *Paris*, 1880, 2 br in-4, couv. imp.

26. FLEURY (Edouard). Les peintres Colart de Laon et Colart-le-Voleur. *Laon*, 1872, in-8, br. couv. imp. — Guillaume Dupré de Sissonne, statuaire et graveur. *Laon*, 1872, br. in-8, couv. imp. — Guillaume Dupré, de Sissonne, statuaire et graveur de médailles. *Laon*, 1883, in-8, br. couv. imp.—Inventaire des dessins et estampes relatifs au département de l'Aisne. *Paris*, 1887, in-8, br. couv. imp.

27. GIGOUX (Jean). Causeries sur les artistes de mon temps. *Paris*, 1885, in-12, br. couv. imp.

Envoi d'auteur.

28. HUET (Paul). 1 vol. et une br. in-8, couv. imp.

Paul Huet, notice biographique et critique, par Ph. Burty. *Paris*, 1869. — Paul Huet, par Legouvé.

29. HUET (Paul). Notice biographique et critique, par Burty. *Paris*, 1869, in-8, br. couv. imp. — Catalogue des tableaux, esquisses, dessins, par feu Paul Huet, etc. *Paris*, 1878, in-8, portrait et eaux-fortes, papier de Hollande, br. couv. imp.

30. INVENTAIRE général des richesses d'art de la France. *Paris*, *Plon*, 1878-88, 9 vol. in-4, br. couv. imp.

31. JAL. Esquisses, croquis, pochades, ou tout ce qu'on voudra sur le Salon de 1827, avec des dessins lithographiés, *Paris*, *Dupont*, 1828, in-8, 1 frontispice colorié, par Henry Monnier, cart.

32. JAPON ARTISTIQUE (Le), documents d'art et d'industrie, réunis par Bing, publication mensuelle, 1888-89, 12 nos in-4, figures, couv. imp.

33. LALANNE (Maxime). Traité de la gravure à l'eau-forte. *Paris*, 1866, in-8, eaux-fortes, br. couv. imp.

Envoi d'auteur.

34. LA TOUR (de), 7 volumes ou brochures in-8 et in-4, couv. imp.

Étude biographique de Maurice de La Tour, par Dreolle de Nidon, 1856, portrait. — La Tour, par Ed. et J. de Goncourt, étude contenant quatre dessins, 1867. — Catalogue de la collection des pastels de de La Tour. *Saint-Quentin*, 1866. — Maurice-Quentin de La Tour, par Desmaze, 1873. — Le Reliquaire de de La Tour, sa correspondance et son œuvre. *Paris*, 1874, in-12. — Documents inédits sur de La Tour, par G. Lecoq, 1875. — Correspondance inédite de Maurice de La Tour, par Guiffrey et Tourneux.

35. LEMONNIER (Camille). Courbet et son œuvre, avec un portrait et cinq eaux-fortes par Collin, Desboutin, Trimolet, etc. *Paris*, 1868, in-8, br. couv. imp.

> Envoi d'auteur.

36. LEROY (Louis). Les pensionnaires du Louvre, dessins de Paul Renouard. *Paris*, 1880, in-4, br. couv. imp.

37. MALASSIS (A.-P.). Monsieur Alphonse Legros, au Salon de 1875. Note critique et biographique, ornée de trois eaux-fortes du maître. *Paris*, 1875, in-4, non rog., dans un carton couv. imp.

38. MALASSIS (A.-P.) et THIBAUDEAU, Catalogue raisonné de l'œuvre gravé et lithographié de M. Alphonse Legros, portrait à l'eau-forte, par Régamey. *Paris*, 1877, in-8, papier vergé, br. couv. imp.

39. MILET (Ambroise). Notice sur Riocreux, conservateur du Musée céramique de Sèvres. *Paris*, 1883, in-8, portrait, br. couv. imp.

40. MILLET. Catalogue de la vente qui aura lieu par suite du décès de Millet, peintre, 1875, in-8, br. couv. imp. — Catalogue des 95 dessins de Millet, composant la collection de M. Gavet, 1875, in-8, br. couv. imp.

41. MOREAU (Adolphe). E. Delacroix et son œuvre, avec des gravures en fac-simile des planches originales les plus rares. *Paris, Jouaust*, 1873, in-8, portrait, br. couv. imp.

42. MUNTZ (Eugène). Les Artistes célèbres. Donatello, ouvrage accompagné de 48 gravures. *Paris, s. d.*, in-8, figures, br. couv. imp.

43. NARREY (Charles). Albert Durer à Venise et dans les Pays-Bas, autobiographie, ouvrage orné de 27 gravures sur papier de Chine. *Paris*, 1866, in-8, papier vergé, br. couv. imp.

Envoi d'auteur.

44. PIRON. Eugène Delacroix, sa vie et ses œuvres. *Paris*, 1865, in-8, cart. non rog.

Envoi d'auteur à Madame Champfleury. Cet ouvrage a été tiré à petit nombre et destiné à la famille et aux amis d'Eugène Delacroix.

45. PROTH (Mario). Voyage au pays des peintres, Salon de 1875, de 1876 et de 1877. *Paris*, 3 vol. in-8, figures, br. couv. imp.

46. RICHARD-DESAIX (Ulric). Charodeau, peintre et sculpteur, avec deux fac-similés d'autographes. *Chateauroux*, 1883, in-8, br. couv. imp.

47. SEIGNEUR (Jean du), statuaire, notice sur sa vie et ses travaux, par ses amis, Théophile Gautier, Henry Martin, P. Lacroix, etc. *Paris*, 1866, in-8, portrait et photo, dem.-rel. mar. bl. tr. dor.

48. SILVESTRE (Théophile). Histoire des artistes vivants, français et étrangers, études d'après nature. *Paris*, 1856, in-8, portraits, dem.-rel. couv. imp.

Envoi d'auteur.

49. SOUCHIÈRES. Les Arts rétrospectifs au Palais des Consuls. *Rouen*, 1884, in-8, br. couv. imp.

Envoi d'auteur.

50. VALABRÈGUE (Antony). Un maître fantaisiste du xviiie siècle. Claude Gillot, *Paris*, 1883, in-8, figures, br. couv. imp. — VIARDOT (Louis). Notices sur les principaux peintres de l'Espagne. *Paris, Gavard*, in-8, br. non rog.

51. ZOLA (Emile). Ed. Manet, étude biographique et critique accompagnée d'un portrait de Manet, par Bracquemond et d'une eau-forte d'Ed. Manet. *Paris*, 1867, in-8, cart. non rog. couv. imp.

Première édition, envoi d'auteur.

52. DIVERS. 23 volumes ou brochures in-8 et in-12, couv. imp.

De la manière de graver à l'eau-forte, par Bosse, 1758. — Les Procédés de la gravure, par de Lostalot. — La Peinture anglaise, par Chesneau. — Histoire de l'Art et de l'Ornement, par Guillaume, 1886.— Pressé pour le Salon, par Gœtschy, illustrations par Pille, etc., etc.

53. DIVERS. 8 volumes in-8 et in-12, br. couv. imp.

La Loi nouvelle cherchée dans l'art, 1850. — Goya, par Laurent Matheron, 1858. — Goya, étude biographique et critique, par Lefort, 1877. — Lettres intimes de M. Horace Vernet, pendant son voyage en Russie, 1842 et 1843. *Paris, Leipzig*, 1856. — Le sculpteur Danois Vilhem Bissen, par Plon, 1870. — Perraud, statuaire et son œuvre, souvenirs intimes, par Claudet, *Paris*, 1877. — Henri Régnault, par Gustave Larroumet, 1889, exemplaire sur papier du Japon. Envoi d'auteur.

54. DIVERS. 6 brochures, in-8.

Les Miettes de l'art et de la curiosité, par Mareschal, premier fascicule, 1872, fig. — Hans Holbein, par J. Rousseau, 1885, fig. — Le Dessinateur Marillier, par Lhuillier. — Les Artistes et les Maîtres de métier étrangers, ayant travaillé à Lyon, par Rondot, 1883. — L'Art romain et ses dégénérescences au Trocadéro, par Benjamin Fillon, 1878, figures. — L'Art des cuivres anciens, 1884.

55. DIVERS. 9 volumes, in-12, br. couv. imp.

Les Collectionneurs de l'ancienne Rome, notes d'un ancien amateur, 1867. — Un Chercheur au salon de 1868, par Pierre. — Salons de Bürger, 1861 à 1866, avec une préface de Thoré, 1870, 2 vol. — Salons de Thoré, 1844 à 1848, avec une préface, par Bürger, 1870. — Six heures à l'exposition de Caen, par de Liesville, 1873. — Maîtres et petits Maîtres, par P. Burty, 1887. — Peintres et statuaires romantiques, par Chesneau, 1880. — Amoureux d'art, par Jean Dolent, portrait de l'auteur, par Bracquemond, 1888.

BIBLIOTHÈQUE BLEUE

ÉDITIONS DIVERSES

---

56. ASSIER (Alexandre). La Bibliothèque bleue, depuis Jean
    Oudot Ier jusqu'à Baudot, 1610-1868. *Paris*, 1874, in-12,
    papier vergé, br. couv. imp.

57. BONHOMME MISÈRE, 10 pièces in-12 et in-18.

    Le Bon Homme Misère, histoire nouvelle et divertissante. L'Origine de la
    Misère, etc., etc.

Le Bonhomme Misère

58. CATÉCHISME POISSARD. ARGOT. 9 pièces in-12, figures, br.

    Le Déjeuné de la Rapé. Le Jargon, ou langage de l'Argot réformé. Caté-
    chisme Poissard pour le carnaval. Les Promenades de la Guinguette. La Pipe
    cassée. Les Propos du grand Lucifer, ou les nouveaux Engueulements pour le car-
    naval, etc.

59. CORPS D'ETATS ET FACÉTIES. 10 brochures in-12 et in-18,
    figures.

    Le devoir des Saveliers, comédie. Testament sérieux et burlesque d'un maître
    savetier. Peine et misère des garçons chirurgiens. Misère des domestiques, etc.

60. Contes facétieux et allégoriques, 4 brochures, in-12.

Histoire des trois Bossus de Besançon. Les aventures de M. Têtu et de Miss Patience.

61. Divers. 5 volumes in-8 et in-12, cart.

La vie et les fables d'Esope. *Rouen, chez Seyer.* — Les fables et la vie d'Esope. *Troyes, chez la veuve Oudot, 1735.* — Figures de la Sainte Bible avec une explication très utile sous chaque figure. *A Troyes, chez Garnier, 1728.* — La Femme Mécontente de son Mari. *Troyes, chez Baudot.* — Le Miroir des Femmes, etc.

62. Éditions du midi. 11 brochures en un vol. in-12, cart. non rog.

Le devoir des Savetiers avec la réception faite à un arrivant et son compliment savétique fait à sa maîtresse, etc. *A Chateauvilain, chez Saligot.* — L'Oiseau bleu, tiré du conte des fées. *A Carpentras, de l'imprimerie de Gaudibert.* — Penne, Histoire des trois Bossus de Besançon, *s. l. n. d.* — La Chatte Blanche, conte, *s. l. n. d.* — Le Secret des Secrets de nature, *s. l.* — Le Juif Errant, *s. l.* — Histoire plaisante de Teil-Ulespiègle, *s. l.* — Le Passe-Temps des Gens d'esprit, *s. l.* — Les Aventures de Fortunatus, *s. l.* — La Bonne Femme, *s. l.* — Histoire de Jean de Calais, *s. l.*

63. Facéties bachiques scatologiques et autres, 11 brochures in-12 et in-18, figures.

Le Facétieux réveil-matin. Sans chagrin, ou le Conteur amusant. Etrennes à Messieurs les Riboteurs. Discours bachiques. Sermon de Bacchus. Description de six espèces de pets, etc., etc.

64. Facéties méridionales. 9 brochures in-18 en un vol. cart. non rog.

Discours pour la consolation des cocus. — Le Jargon de l'argot réformé. — La Barbe-Bleue, conte. — Lou crebo-couert d'un paysan sur la mouert de soun ay. — Jean-Pierre revengu de Brest. — Le Testament d'un juif de la ville de Carpentras. — La Belle au bois dormant, conte. — Sermon de Bachus, en faveur des buveurs. — Panégyrique de Jean Guillot. — L'Explication des songes.

65. Facéties sur les femmes, les hommes, 14 pièces in-12, br.

Le mari mécontent de sa femme. La misère des maris. Les cinq maris et la pucelle. Catéchisme à l'usage des grandes filles, pour être mariées. La malice des femmes. Le Jardin d'amour, etc., etc.

66. Facéties diverses, 22 pièces, en 2 vol. in-12, figures, cart.

Béquilles du diable boiteux. — Histoire de Guilleri. L'abbé Chanu. La méchanceté des filles. Magasin énigmatique. Etrennes à messieurs les Riboteurs. Sermon à Saphos, etc.

67. Fortunatus, par Quevedo. 4 éditions, in-8 et in-12. fig.

68. Gallien. Histoire des nobles prouesses et vaillances de Gallien restauré. Fils du noble Olivier, le Marquis et la belle Jacqueline, fille du roi Hugon, empereur de Constantinople. A Troyes. Chez Jean Garnier, in-4, cart. non rog.

Un frontispice bois du xvɪᵉ siècle représentant l'auteur à son pupitre, dans le texte Ganelon, tiré à quatre chevaux, vignette sur bois.

69. Grand Calendrier (Le) et compost des bergers. Troyes, chez Garnier, 1728, in-8, fig. dem.-rel.

Un grand nombre de bois originaux des premières éditions.

70. Illustres personnages, réels ou légendaires. 5 brochures in-12, fig.

Vie de la duchesse de La Valière. Histoire d'Athénaïs. Histoire de la belle Hélaine. L'Innocence reconnue, ou la vie admirable de Geneviève.

71. Instruction, éducation, 9 brochures in-12 et in-18, fig.

Méthode amusante pour enseigner l'A. B. C. L'Enfant sage à trois ans. Petit alphabet français. Civilité honnête pour les enfants. Le secrétaire des dames, etc.

72. Juif-Errant, 12 brochures in-12 et in-18.

Histoire admirable du Juif-Errant. Histoire du Juif-Errant, etc., etc.

73. Livres pieux, 16 brochures in-12.

La Vie et les Miracles de Saint-Antoine. Troyes, chez la veuve Garnier. — Figures de la Sainte-Bible avec l'explication très utile sous chaque figure. Rouen, Behourt. — La vie de Saint-Augustin. Caen, Chalopin — La vie de Sainte-Anne. Caen. — Miroir du pécheur. Troyes, veuve André. — Abrégé de la vie de Saint-Edmond. Troyes, Garnier. — La vie de Sainte-Reine. Troyes, Garnier. — Sainte-Catherine, tragédie, par d'Aubignac, Troyes, Oudot, 1718, etc., etc.

74. LIVRES POPULAIRES FLAMANDS ET HOLLANDAIS, 5 volumes in-12, fig., br.

> Histoire Jan Van Parys, quatre fils Aymon, etc.

75. NOËLS, CANTIQUES, etc., 14 brochures in-12 et in-18.

> La grande Bible des Noëls, sur la nativité de Jésus-Christ. Nouveau recueil de Noëls provenceaux. Cantiques de Saint-Eustache. Histoire de Saint-Joseph, mise en cantique, etc.,

76. NOUVELLES ET ANECDOTES. 12 brochures in-12 et in-18.

> La Bergère des Alpes. Laurette. Nouveaux contes à rire. Le Porteur d'eau ou le Trésor enchanté, etc., etc.

77. PERRAULT. Contes des fées, 8 pièces in-12, figures, cart. et br.

> Le Petit Poucet. Riquet à la Houppe. Le Barbe bleue, fig. Cendrillon. Peau d'âne. Histoire du temps passé, ou les Contes de ma mère l'Oye, 1786.

78. PERSONNAGES HISTORIQUES, facétieux, bouffons, farceurs de tréteaux, 8 pièces in-12, figures, cart. et br.

> Vie et aventures galantes et divertissantes du duc de Roquelaure. Entretiens facétieux du sieur Baron de Gratelard. Aventures plaisantes et tours bouffons de M. Briolet. Les débats et facétieuses rencontres de Gringalet et de Guillot Gorju. Les facétieuses rencontres de disciple de Verboquet, pour réjouir les mélancoliques. Histoire de la vie, grandes voleries et subtilités de Guillery et de ses compagnons, etc., etc.

79. ROMANS DE CHEVALERIE. 10 volumes in-8 et in-12, cart.

> Vingt-cinq vignettes sur bois, tirées de l'histoire des quatre fils d'Aymon. A Limoges, chez Jacques Farne, 1744. — L'histoire des quatre fils d'Aymon. A Avignon, chez Jean Chaillot, 1786, 20 vignettes sur bois dans le texte. — L'histoire des quatre fils d'Aymon. A Carpentras, chez Gaudibert, 20 vignettes dans le texte. — Histoire des quatre fils Aymon, Rouen, Lecrême Labbey, frontispice. — Histoire des quatre fils Aymond. Epinal, chez Pellerin, vignette sur la couverture. — Histoire de Jean de Calais. A Troyes, chez Garnier le jeune, 1758. — Histoire de Jean de Calais. Troyes, chez Baudot. — Histoire de Pierre de Provence et de la belle Maguelonne. A Troyes, chez Garnier, 1738. — Conquêtes du grand Charlemagne, roi de France, etc. Troyes, Garnier. — Histoire et aventures heureuses et malheureuses de Fortunatus. Troyes, Garnier.

80. ROMANS DE CHEVALERIE. 13 brochures in-12, figures.

> Jean de Calais. Jean de Paris. La vie du fameux Gargantuas. Richard sans peur. Pierre de Provence et la belle Maguelonne. Robert-le-Diable, etc., etc.

81. SERMONS PLAISANTS. Facéties sur les gens d'église, 13 pièces in-12, figures, br.

> Entrée de l'abbé Chanu au Paradis. Oraison funèbre de Bricotteaux. Eloge funèbre de Michel Morin. La vengeance du trépas funeste du fameux Michel Morin, etc.

82. SONGES. PROPHÉTIES. LOTERIE. 7 brochures in-12 et in-18.

> La Clef d'or, ou l'astrologue fortuné devin. Traité des songes. Almanach de bonne fortune pour et par la loterie électorale. Palatine, en l'année 1770. Le Miroir d'astrologie. Prophéties de Thomas Moult, etc., etc.

83. THÉATRE. 2 brochures in-12.

> Arlequin empereur dans la Lune. La Comédie des proverbes.

84. ULENSPIÈGLE. 6 brochures in-12, fig.

> La vie joyeuse et récréative de Thiel-Ulespiègle.

85. VOLEURS ET BANDITS. 4 brochures in-18, fig.

> Histoire de la vie et du procès du fameux Cartouche. Dialogue entre Cartouche et Mandrin.

LA CARICATURE

ÉTUDES, CRITIQUES, OUVRAGES AVEC DES CARICATURES, ETC.

86. ADELINE (Jules). Les Sculptures grotesques et symboliques. Rouen et ses environs. Préface par Champfleury. *Rouen, Augé,* 1878, in-8, 100 vignettes hors texte et 2 frontispices à l'eau-forte.

> Outre la Préface de M. Champfleury, lettre d'envoi du même à M. Viollet-le-Duc, lettre qui ne se trouve pas dans tous les exemplaires.
> De ce tirage tout spécial destiné aux auteurs et à l'imprimeur du livre, il n'a été tiré que quatre exemplaires sur papier particulier, avec eaux-fortes à trois états, avant et après la lettre, imprimées en bistre, toutes les planches du volume sont tirées double en noir et en bistre.
> On a joint à l'exemplaire une affiche de l'ouvrage, dessinée spécialement par M. Adeline, in-fol. et tirée en noir et rouge.
> Ce volume précieux est enfermé dans un carton mobile avec couverture imprimée. L'auteur reconnaissant du concours que lui avait prêté M. Champfleury, a représenté dans un des frontispices à l'eau-forte, l'histoire de la caricature dans un médaillon entouré de gargouilles et autres sculptures grotesques du moyen-âge.

87. ARNAULDET (Thomas). Notes sur les estampes satiriques, bouffonnes ou singulières, relatives à l'art et aux artistes français pendant les xviie et xviiie siècles. *Paris,* 1859, in-8, figures, cart. non rog.

> 8 gravures sur bois, 2 eaux-fortes.

88. BAUDELAIRE (Ch.). Quelques caricaturistes français, Carle Vernet, Pigal, Charlet, Daumier, Monnier, Granville, Gavarni, etc. (Ext. de la revue, *Le Présent.*), in-8, cart.

89. BÜRGER. Histoire et aventures du baron de Munchhausen. *Paris. Warée,* 1842, in-12, figures, cart. de l'éditeur, tr. dor.

> Nombreuses gravures sur bois.

90. CARICATURE, 14 brochures in-8.

Histoire de la Caricature en Europe et particulièrement en Angleterre. — Un Caricaturiste suisse, par G. Revillod. *Ext. de la Bibl. Uni.* 1862. — La caricature en France, au xixᵉ siècle, par Bequet. — Louis Trimolet. *Ext. du Cabinet de l'Amateur.* — Notice bibliographique sur les Métamorphoses du jour de Grandville, par Meaume. *Ext. du Bulletin Biblio.* — Parodies, railleries et caricatures des anciennes thèses historiées, par Pouy, 1873. — Dissertation sur la découverte d'une croix. — Lettre sur une tête automatique, fig. — Caricatures contre Luther. Copie manuscrite. — Deux caricatures sur Beaumarchais, par Lalanne. — John Leech, par Chesneau, 1875, figures, etc., etc.

91. CARICATURE AUX ÉTATS-UNIS (La). Quelques médailles satiriques. Le Président Van-Buren, par C.-P. Serrure, *s. l. n. d.*, in-8, fig., cart.

Note manuscrite de Champfleury. — La Caricature aux États-Unis. Médailles satiriques dirigées contre le système monétaire mis en usage par le Président Van-Buren, 1837-1841. Van-Buren, flamand d'origine, devrait être revendiqué par les historiens belges. Cette notice est extraite probablement d'une revue flamande.

92. CARICATURE FRANÇAISE A LONDRES (La). Journal sans abonnés et sans collaborateurs. *Londres*, 1836, in-4, cart.

Illustré de nombreuses caricatures sur bois gravées en Angleterre, la plupart d'après Daumier. A la suite de cet exemplaire, qui paraît avoir été celui même de la Contemporaine, sont joints : 1° *Album de la Correspondance du Prince émigré*, *Londres*, 1836, fac-simile. 2° Portrait d'Alibaud, avec sa défense interrompue par les pairs et des confidences d'une jeune française sur sa vie intime, par Ida de Saint-Elme. *Londres*, 1836, in-8, portrait d'Alibaud, le tout en 1 vol. cart. couv. imp.

93. CAYLA. Histoire de la Caricature politique pendant la Révolution Française. *Paris, Boyron* (1848), 4 liv. in-8, figures, couv. imp. — Notes pour la Caricature de 1791 à 1793, par Cayla, manuscrit inédit, 170 pages in-4, cart. non rog.

Cette histoire de la Caricature politique pendant la Révolution française, qui paraissait par livraison, peu après 1848, je crois, ne fut pas continuée par M. Cayla. Quatre livraisons furent publiées seulement avec illustrations.

L'auteur, sachant que je m'occupais d'une histoire générale de la Caricature, me fit cadeau de la fin du manuscrit qui complète l'ouvrage (Note autographe de M. Champfleury).

94. CHASSIRON (Baron de). Notes sur le Japon, la Chine et l'Inde. *Paris,* 1861, in-8, planches en couleur, br. couv. imp.

Reproductions fac-similé de caricatures japonaises.

95. CLOGENSON. Grandville. *Alençon, P.-Malassis,* 1853, in-8, cart. non rog.

Tiré à 20 exemplaires.

96. CRUIKSHANK (George). The loving ballad of hord Batenran. *Londres, Tilt* et *Rogue, s. d.* (1839), in-12, cart. de l'éditeur.

Onze eaux-fortes de Cruikshank. — Romance notée. La préface est signée du caricaturiste avec fac-similé de sa signature.

97. DAUMIER. Les Veilles poétiques. *Paris,* 1823, in-12, v. m. — Un Matin de printemps, poème. *Paris,* 1825, br. in-8, cart.

La Pêche aux Actionnaires
(Dessin de Daumier)

98. DAUMIER. Exposition des peintures et dessins de Daumier. Notice biographique par Champfleury. *Paris,* 1878, in-8, port., br. couv. imp. — Articles de journaux sur l'Exposition Daumier, prospectus, etc., par J. Claretie, 1882, in-8, portrait. — Articles de journaux sur les Obsèques de Daumier, 1879. — Daumier, par Duranty. *Ext. de la Gazette des Beaux-Arts*, in-8, figures, cart. non rog.

99. DAYOT (Armand). Les Maîtres de la Caricature française au XIXᵉ siècle, 115 fac-similés des grandes caricatures en noir, 5 fac-similés de lithographies en couleurs. *Paris, Quantin, s. d.*, in-8, br. couv. imp.

Envoi d'auteur.

100. DIVERS. Épitre à Charlet, par Moulle. *Paris,* 1839, in-8, cart. non rog. couv. imp. — Gill, sa vie, bibliographie de ses œuvres, par Lods. *Paris,* 1887, in-12, fig., br. couv. imp.

101. DIVERS AVEC CARICATURES. 7 volumes in-8, cart.

Les Folies du siècle, roman philosophique, par Lourdoueix, troisième édition avec sept caricatures, 1818, cart. couv. imp. — Le Joli Jeu de la Maison que Pierre a bâtie, dédié à un enfant gâté, 1820, in-8, caricatures, dem.-rel. mar. couv. imp. — La Maison politique que Jacques a bâtie, ornée de 13 caricatures, 1820, cart. — George Dandin, ou l'Échelle matrimoniale, avec quinze caricatures, 1820, cart. — Une Dupinade Fragila Dupin à ses féaux et amis. *Paris,* 1848, in-8, fig. cart. non rog. couv. imp. — Examen critique du poème *La Pitié.* Paris, 1803, in-8, caricature coloriée, dem.-rel. — Examen de l'*Homme des Champs.* s. l., an ZX, in-8, caricature coloriée, br. non rog.

102. EBELING. Album d'images historiques, grotesques, comiques, etc., avec texte explicatif (*en allemand*). *Leipzig, Verlag,* 1862, 2 liv. in-4. (Les deux seules parues), couv. imp.

Comprenant 12 planches et 14 pages de texte. Fac-similé et reproduction en couleur.

103. EBELING. Histoire de la Caricature (*texte allemand*). *Leipzig,* 1867, 2 vol. in-8, figures, dem. rel.

104. FEUILLET DE CONCHES. William Hogart. *Extrait de l'Artiste*, in-8, figures, cart. non rog.

105. FICORONI. De Larvis scenicis, et figuris comicis. *Rome*, 1754, in-4, figures, cart. non rog.

106. FORGUES. La Caricature en Angleterre, 1710-1855. *Paris*, 1855, in-8, dem. rel. mar. bl. couv. imp.

107. GAVARNI. Masques et Visages. *Paris, Paulin*, 1857, in-12, figures, cart.

108. GRAFTY. Snob à Paris. *Paris, Cremière, s. d.*, in-8, obl., figures, cart. couv. imp.

109. GRAND-CARTERET. Les Mœurs et la Caricature en Allemagne, en Autriche, en Suisse, avec préface de Champfleury, ouvrage illustré de 3 planches en couleur, de 20 planches hors texte, etc. *Paris*, 1885, in-4, dans un cart., non rog.

Exemplaire sur papier du Japon, planches en trois états.

110. GRAND-CARTERET. Les Mœurs et la Caricature en France,
8 planches en couleur, 45 planches hors texte, 490 illustrations dans le texte. *Paris*, 1888, in-8, br. couv. imp.

Envoi d'auteur.

111. GRANDVILLE. Catalogue illustré de la collection des dessins et croquis originaux exécutés à l'aquarelle, à la plume
et au crayon par Grandville, dont la vente aura lieu, après son
décès, le 4 mars 1853. *Paris*, 1853, in-8, figures, cart. couv.
imp. — Grandville, par Ch. Blanc. *Paris*, 1855, in-18, portrait, cart.

112. GROSE. Principes de Caricature, suivis d'un essai sur la
peinture comique, avec 29 planches. *Leipzig*, *s. d.*, 2 vol.
in-12, dem.-rel. (Manque la planche 29).

113. HOGARTH (William). The works, in a series of engravinghs :
with descriptions and a comment on their moral tendency,
by the John Trusler. *London, Jones*, 1833, 1 vol. de texte,
2 vol, de planches. Ensemble 3 vol. in-4, portrait et 108
planches, cart. couv. imp.

114. JAIME. Musée de la Caricature, ou Recueil des Caricatures
les plus remarquables, publiées en France depuis le quatorzième siècle jusqu'à nos jours. *Paris, Delloye*, 1838, 2 tomes
in-4, figures noires et coloriées, en 1 vol. cart. (Manque la
table du tome second.)

115. LENIENT. La Satire en France, ou la Littérature militante
au xvie siècle. *Paris*, 1866, in-8, cart. non rog.

116. LENIENT. La Satire en France au moyen-âge. *Paris*, 1859.
— Pasquin et Marforio, histoire satirique des Papes, par
Mary Lafon. *Paris*, 1862. Ensemble 2 vol. in-12, br. couv.
imp.

117. LICHTEMBERG. Explication détaillée des gravures d'Hogarth, ouvrage traduit de l'allemand, par Lamy. *Goettingue*. 1797, in-8, dem.-rel.

Il manque à cet ouvrage six planches gravées par Riepenhausen.

118. MALCOLM. An historical sketch of the art of caricaturing with graphic illustrations. *London*, 1813, in-4, figures, cart. non rog.

M. Mayeux
(Croquis par Traviès)

119. MAYEUX. 4 brochures in-8 et in-18. Nécrologie, par Bazin *Ext. du Livre des Cent et Uns*, 1832. — Bamboches de M. Mayeux. *Troyes, s. d.* — Sermon en proverbes. Dialogue entre Mlle Manon et M. Thomas, M. Mayeux. *Montereau, s. d.* — Histoire complète et véritable de M. Mayeux, *Paris*, 1834, in-12, cart. non rog.

120. MAYEUX (Sur M.) 4 volumes in-18, cart. et 1 vol. in-12, br. couv. imp.

Vie politique, civile, militante et privée de M. Mayeux. *Paris, s. d.*, figures coloriées. — Les Farces et les bamboches populaires de Mayeux, Etrennes à ceux qui aiment à rire comme des bossus. *Paris*, 1831, figure. — Histoire véritable, facétieuse, gaillarde, politique et complète de M. Mayeux. *Paris*, 1831. — Mayeux l'indépendant, homme politique, diabolique, drolatique, etc., par Bastide. *Paris, s. d.*

121. MILLEN. Lettre à M. Langlois, de l'Institut, sur le Carnaval de Rome. *Rome*, 1812, in-8, cart. non rog.

Eaux-fortes de Pinelli dont une en couleur. Masques et mascarades.

122. PANOFKA. Parodies et Caricatures, dans les œuvres d'art, etc. *Berlin*, 1851, in-4, figures, cart.

Titre et texte en allemand.

123. PARTON (James). Caricature and other comic art in all times and many Lands, avec 205 illustrations. *New-York*, 1877, in-8, fig. cart.

124. RECUEIL SUR LAW. Het groote tafereel der dwaasheid, etc. 1720, in-fol. caricatures, v. m.

125. RÉVOLUTIONS. Caricatures de la Révolution 1791. Le Peintre Louis David, caricaturiste par ordre du grand Carnot, in-8, *Extrait.* — Notice sur la Caricature après la Révolution de 1848, par Deschamps. *Rouen, s. d.*, in-8, br. couv. imp. — La Caricature pendant le Siège et la Commune, par Emile Cardon, in-8. — La Caricature sous la Commune, par Moncy. — La Littérature du colportage sous la Commune, par Moncy.

126. STEVENS. A lecture on heads, etc. (Une lecture sur les têtes), avec 45 têtes, par Nesbit, d'après les dessins de Thurston. *Londres*, 1802, frontispice et gravures sur bois dans le texte, v. m.

127. TOPFFER. Essai de physionomie. *Genève*, 1845, in-4, figures, cart. couv. imp.

Première édition, 48 dessins en fac-simile de Topffer. Traité spirituel. Très rare.

128. WRIGHT (Thomas). A History of Caricature et Grotesque, in littérature and art. *London,* 1865, in-8, figures, cart. de l'éditeur.

129. WRIGHT (Thomas). Histoire de la Caricature et du Grotesque, dans la littérature et dans l'art, 238 gravures intercalées dans le texte. *Paris, aux bureaux de la Revue Britannique.* 1867, in-8, cart. non rog. couv. imp.

Première édition.

La Caricature vengeresse
(Dessin par Daumier)

CÉRAMIQUE

---

130. ADELINE (Jules). Le Musée d'antiquités et le Musée céramique de Rouen, trente eaux-fortes avec texte et frontispice.
Rouen, 1882, in-4, papier de Hollande, non rog., dans un cart.,
couv. imp.

> Envoi d'auteur, double suite des eaux-fortes.

131. BASTELAER (Van). Les Grès-cérames ornés de l'ancienne
Belgique. *Charleroy* 1880, un in-8, planches coloriées, br.
couv. imp. — Les Grès-Wallons, grès-cérames ornés. *Bruxelles*, 1881, in-8, planches, br. couv. imp. — Les anciens Grès
artistiques flamands dans le Nord de la France. *Mons*, 1884,
in-8, fig., br. — Les Grès armoriés de Chatelet et Boullioulx
à Liège au xviie siècle. *Mons*, 1885, in-8, br. non rog.

132. BONNAFFÉ (Ed.). Les Faïences de Saint-Porchaire. *Paris*,
1888, br. in-8, fig., couv. imp. — CASAKI. Notice sur les
Faïences de Diruta, d'après des documents nouveaux. *Paris*,
1874, in-8, planche coloriée, br. couv. imp. — CLOUZIOU (H. Du).
De la Poterie gauloise, étude sur la collection Charvet. *Paris*,
1872, in-8, figures, br. couv. imp. — FORESTIÉ (Ed.). Une
Faïencerie montelbanaise au dix-huitième siècle. *Montauban*,
1875, br. in-8, fig., couv. imp. — GASNAULT. La collection
Jacquemart et le Musée céramique de Limoges, in-4, fig.,
(Tirage à part de l'Art). — QUIRIELLE (Roger de). Découverte
d'une officine de potiers gallo-romains à Lubié. *Moulins*, 1881,
in-8, br. couv. imp. — LIESVILLE (de). La Céramique et la
Verrerie au Champ-de-Mars. *Paris*, 1879, in-12, papier vergé,
br. couv. imp. — RENARD (Emile). Notes pour servir à l'his-

toire des Émaux de Nevers, recueillies par un nivernais. *Paris*, 1887, in-12, papier vergé, br. couv. imp. Ensemble huit brochures.

133. BORDEAUX (Raymond). Les Brocs à cidre en faïence de Rouen, étude de céramique normande. *Caen*, 1868, in-4, fig. color., br. non rog.

134. BOUILLON-LAGRANGE. L'art de fabriquer la poterie, façon anglaise, avec gravures. *Paris*, 1807, in-12, br. non rog.

135. BRONGNIART. Traité des arts céramiques, ou des poteries considérées dans leur histoire, leur pratique et leur théorie *Paris*, 1844, 2 vol. in-8 et 1 vol. de planches, in-4 obl. dem.-rel.

136. BÜRGER. Van der Meer, de Delft. *Paris*, 1866, in-8, eaux-fortes, cart.

137. BURTY (Ph.). La Poterie et la Porcelaine au Japon; trois conférences. *Paris*, 1885, in-4, br. couv. imp.

138. CATALOGUE des produits des Manufactures de Sèvres, par Champfleury et Salvetat, monogrammes, etc. 1874, in-12, br. couv. imp. — Exposition des Beaux-Arts, catalogue. *Angoulême*, 1877, in-12, br. couv. imp. — Exposition rétrospective de Lyon. Notice. 1877. Catalogue des produits exposés par les manufactures de France; Sèvres, etc., 1878, in-8, br. couv. imp. — Exposition rétrospective à Marseille. Catalogue in-8, br. couv. imp.

  Catalogue of oriental porcelain and pottery lent for exhibition, seconde édition. *London*, 1878, in-8, cart. Ensemble 6 brochures.

139. DAVILLIER (Baron). Histoire des Faïences Hispano-Moresques à reflets métalliques. *Paris*, 1861, in-8, cart.

140. DAVILLIER (Baron). Histoire des Faïences et Porcelaines de Moustiers, Marseille et autres fabriques méridionales. *Paris*, 1863, in-8, cart.

141. DAVILLIER (Baron). Les Origines de la Porcelaine en Europe, les fabriques italiennes du xvᵉ au xviiᵉ siècle, avec une étude spéciale sur les Porcelaines des Médicis. *Paris*, 1882, in-4, gravures, br. couv. imp.

142. DELISLE (Léopold). Documents sur les fabriques de faïences de Rouen, recueillis par Haillet de Couronne. *Valognes*, 1865, in-12, br. couv. imp.

143. DOCCIA (Manufacture de), 5 br. in-8, couv. imp.

> Notizie biografiche Carlo Ginori. *Firenze*, 1837. — La Manifattura del Porcellane di Doccia. *Firenze*, 1861, fig. — La Manufacture Ginori à Doccia. *Paris*, 1867. — Manufacture Ginori, 1878.

144. FAYANCERIE. Descriptions des Arts-et-Métiers faites et approuvées par Messieurs de l'Académie royale des Sciences. *s. l. n. d.*, figures, in-fol. br.

145. FIEFFÉ ET BOUVAULT. Les Faïences patriotiques Nivernaises, introduction par Champfleury. *Nevers*, 1885, in-4, planches coloriées, non rog., dans un cart.

146. FOUQUE (Eugène). Moustiers et ses faïences, *s. l. n. d.*, br. couv. imp.

147. FRÖHNER. Choix de vases grecs inédits de la collection de Son Altesse impériale le prince Napoléon. *Paris, Claye*, 1867, in-fol., figures coloriées, br. couv. imp. (*Envoi d'auteur.*) — Deux peintures de vases grecs, avec trois planches et une vignette. *Paris*, 1871, in-fol., br. couv. imp.

148. GERSPACH. Notes sur la Céramique chinoise. *Paris*, 1877, br. in-8, couv. imp. — Collection du Sartel. Porcelaines de la Chine et du Japon. *Paris*, 1882, in-8, fig., br. couv. imp.

149. GOUELLAIN. Céramique révolutionnaire. L'Assiette dite à la
Guillotine, avec une planche en couleur. *Paris,* 1872, in-8, br.
couv. imp. — Céramique révolutionnaire, l'Assiette dite à la
Guillotine, par Raymond Bordeaux, in-8 (*Ext. du Bulletin du
Bouquiniste*).

150. GOUELLAIN (Gustave). Mémoire historique sur la manufacture de porcelaine de France, rédigé en 1781, par Bachelier,
réédité avec préface et notes. *Paris,* 1877 in-12, papier vergé,
br. couv. imp.

151. GOUELLAIN. Céramique à emblèmes historiques. Notes sur
faïence avec portrait du général Bonaparte. *Bernay,* 1878, br.
in-8, couv. imp. — Compte-rendu analytique de la céramique
musicale au Trocadéro. *Bolbec,* 1879, br. in-8, non rog.

152. GRAND-CARTERET. Les Arts industriels en Suisse. *Paris,*
1879, in-12, br. couv. imp. — Grès-cérames à armoiries lié-
geoises. *Liège,* 1885, br. in-8, couv. imp. — Irish pavement
tiles. *Dublin.* s. d., in-4, planches coloriées, cart. couv.
imp.

153. GRASSET. Faïences nivernaises du xviiie siècle. *Paris, s. d.,*
br. in-8, couv. imp. — Historique de la Faïencerie de terre de
pipe et de Poteries noires de la Charité-sur-Loire, en 1812.
Paris, 1876, br. in-8.

154. GUILLERY. Arts céramiques. *Bruxelles, s. d.,* in-12, figures,
br. couv. imp.

155. HAVARD (Henry). Catalogue chronologique et raisonné des
faïences de Delft, composant la collection de John Loudon,
illustré de deux eaux-fortes, par Flameng et de neuf dessins
par Goutzwiller. *La Haye,* 1877, in-4, papier de Hollande, br.
couv. imp.

156. LE BRETON (Gaston). Céramique espagnole. Le Salon en porcelaine du Palais-Royal de Madrid et les porcelaines du buen retiro, planches par Goutzviller. *Paris*, 1879, in-8, papier vergé, br. couv. imp.

157. LECOCQ (Jules et Georges). Histoire des Fabriques de Faïence et de Poterie de la Haute-Picardie. *Paris*, 1877, in-4, papier de Hollande, figures, br. couv. imp.

158. LECOCQ (Jules). Etudes sur la Céramique picarde. Une plaque en faïence de Sinceny. *Paris*, 1874, in-8, planche, br. couv. imp.

159. LECOCQ (J.). Utilité des Collections. *Saint-Quentin*, 1873, br. in-8, couv. imp. — Les faïences de Delft, collection du Dr Mandi. *Paris*, 1874, in-18, br. couv. imp. — La collection de Gustave Gouellain par de Léruc. *Rouen*, 1877, in-12, br. couv. imp.

160. LECOCQ (Georges). Etude sur les Faïences patriotiques au ballon, illustré par Tissandier. *Paris*, 1876, in-8, br. couv. imp. — Note sur un Bénitier patriotique de l'époque révolutionnaire. *Paris*, 1880, br. in-8, couv. imp.

161. LEJEAL. Note sur une Marque de faïence contestée. *Valenciennes*, 1865, in-8, br. couv. imp. — Examen des recherches historiques du Dr Lejeal sur les manufactures de faïence et de porcelaine, de l'arrondissement de Valenciennes, par Collet. *Valenciennes*, 1868, in-8, br. couv. imp.

162. MARCHANT (Louis). Recherches sur les Faïenceries de Dijon. *Dijon*, 1885, in-4, figures, couv. imp.
    Envoi d'auteur, lettre ajoutée.

163. MARESCHAL. Imagerie de la Faïence. Assiettes à emblèmes patriotiques. Période révolutionnaire, 1789 à 1795. *Beauvais*, 1865, in-4, 120 planches coloriées, cart. couv. imp.

164. MARESCHAL. Les Faïences anciennes et modernes, leurs marques et décors. *Beauvais*, 1868, in-8, figures coloriées, cart. couv. imp.

Envoi d'auteur.

165. MARESCHAL. Imagerie de la Faïence française. Assiettes à emblèmes patriotiques, comprenant la période révolutionnaire, 241 types lithographiés d'après les pièces originales et classées par ordre chronologique, de 1750 à 1830. *Beauvais*, 1869, in-8, cart. non rog. couv. imp.

Envoi d'auteur.

166. MARESCHAL. Iconographie de la Faïence, dictionnaire illustré de planches en couleur, etc. *Paris*, 1875, in-12, fig., br. couv. imp.

167. MARESCHAL. Les Faïences anciennes et modernes, leurs marques et décors. Faïences françaises, faïences étrangères, seconde édition, revue, corrigée et augmentée. *Paris, Delaroque*, 1874-1879, 2 vol. in-8, figures, cart. couv. imp.

Envoi d'auteur.

168. MÉLY (de). La Céramique italienne, marques et monogrammes. *Paris, s. d.*, in-8, fig., cart. non rog.

169. MILET. Céramique normande. Propriété de l'invention de la porcelaine à Rouen, en 1673. *Rouen*, 1867, in-18, br. couv. imp. — Antoine Clericy, ouvrier du roi, en terre sigillée, esquisse sur sa vie et ses œuvres. *Paris*, 1876, br. in-8, papier vergé, couv. imp.

170. MOLINIER (Emile). Les Majoliques italiennes en Italie. *Paris*, 1883, in-8, figures, br. couv. imp.

171. MORTILLET (G. de). Les Potiers allobroges, méthodes des sciences naturelles appliquées à l'archéologie. *Annecy*, 1879, in-4, figures, br. couv. imp.

172. NOËLAS. Histoire des Faïenceries Roanno-Lyonnaises, illustrée de 60 planches. *Roanne*, 1883, in-8, fig., papier vergé, cart. non rog.

173. NORMANDIE. 5 brochures in-8, couv. imp.

> Les Faïences de Rouen et de Nevers, à l'Exposition universelle, par Robillard. 1867. — La Collection de M. Gustave Gouellain, par de Lerne. *Rouen*, 1877, in-18. — Une visite à l'Exposition d'art rétrospectif de Caen, par l'abbé Porée, *Bernay*, 1883. — Histoire d'un four à verre de l'ancienne Normandie, par Milet, 1871. — Collection de M. le marquis d'Iquelon. Faïences de Rouen, etc., 1889, figures.

174. PALISSY (Bernard). Les œuvres, *s. l. n. d.* (*Texte Clouzot*), in-8, en feuilles.

175. PALISSY (Bernard). 4 volumes in-8 et in-12.

> Bernard Palissy, le potier de terre, par Dumesnil. *Paris*, 1851, in-12, cart. — Bernard Palissy, drame en vers, par Brieux et Salandri, 1880, in-12, br. couv. imp. — Bernard Palissy, d'après des documents nouveaux, par Ph. Burty, 1875, br. in-8, couv. imp. — Palissy élete és mûvei, par Farkasházi. *Budapest*, 1887, in-8, figures, br. couv. imp.

176. PICHON (Ludovic). La Faïence à emblèmes patriotiques du second empire. *Paris*, 1874, in-18, fig., cart. couv. imp. — ROUILLON (Paul). A propos d'une faïence républicaine à la date de 1868. *Paris*, 1875, in-12, fig. cart., couv. imp.

177. POUY. Les Faïences d'origine Picarde et les collections diverses avec fac-similé coloriés et marques. *Amiens*, 1872, in-8, br. couv. imp.

178. POUY. Les Faïences, spécialement celles d'origine Picarde, 2ᵉ édition, avec notes sur la Céramique armoriée et chiffrée et documents divers, planches coloriées, marques et fac-similé. *Paris*, 1873, in-8, br. couv. imp.

179. RIS-PAQUOT. Manuel du collectionneur de faïences anciennes, ouvrage initiant les amateurs et les gens du monde à la

connaissance rapide des faïences anciennes, 86 sujets en couleur, et plus de 90 dessins dans le texte. *Amiens,* 1877, in-8, br. couv. imp.

180. RONDOT (Natalis). La Céramique lyonnais du quatorzième au dix-neuvième siècle. *Paris,* 1889, in-8, papier de Hollande, br. couv. imp.

> Envoi d'auteur.

181. SALVÉTAT. Leçons de céramique professées à l'Ecole centrale des Arts et Manufactures, etc. *Paris,* 1857, 2 vol. in-12, figures, br. couv. imp.

182. SÈVRES. Arrest du Conseil d'Etat du 31 mai 1764, matières ou marchandises destinées à la Manufacture Royale de Sèvres. *Paris,* 1764, in-4, br.

183. SÈVRES. Rapport par Duc, au nom de la Commission de perfectionnement de la Manufacture de Sèvres, 1875, in-4, br. couv. imp. — Rapport par Lameire sur les Porcelaines modernes qui ont figuré à l'Exposition de 1878. *Paris,* 1879, in-4, br. couv. imp. — Rapport par du Sartel. *Paris,* 1884, in-4, br. couv. imp.

184. SÈVRES. La Manufacture de Porcelaine de Sèvres, d'après un mémoire inédit du xviiie siècle, par Gaston Le Breton. *Paris,* 1882, in-8, br. couv. imp. — Les Manufactures nationales et les Arts du mobilier, par Haviland, 1884, in-8, couv. imp. — De nieuwe fabrick van het porselein van Sèvres. *La Haye,* 1877, in-12, br. — La Manufacture de Sèvres et la porcelaine nouvelle, conférence, par Lauth, 1884, in-8, br. couv. imp. — A propos de l'inauguration des nouveaux bâtiments de la Manufacture de Sèvres, par Salvetat, 1876, in-4, br. — Une Manufacture nationale, par Fischer. *Budapest,* 1887, br. in-8.

185. WALLIS (Henry). Notes on some early persian lustre vases. *London*, 1885, in-fol., figures, br. couv. imp.

186. DIVERS. 3 brochures, in-8.

Une fabrique de faïence à Lyon, sous le règne de Henri II, par le Comte de la Ferrière. *Paris*, 1862, br. couv. imp. — Les Manufactures de faïences de Vrou. Quelques mots sur cette monographie, par Louis-Lucas, *s. l. n. d.* — Les Faïences parlantes, par Quirielle, 1877, couv. imp.

187. DIVERS. 4 brochures, in-8.

Le Cant des Poutiès *s. l. n. d.* — Histoire des Faïenceries Roanno-Lyonnaises, notice bibliographique par Maussier, *Saint-Etienne*, 1883, couv. imp. — Grès-Wallons. Le capitaine Chabotteau, planche coloriée, *s. l. n. d.* — Le Trésor du Veuillon, par Roubet. *Nevers*, 1872.

188. DIVERS. 5 brochures, in-8.

Compte-rendu de l'Exposition artistique et archéologique de Rennes, par Aussant, 1864.—Vases dans les Tombeaux.—Un Atelier de poterie mérovingienne à la Hardelière, près de Laval. — Sur quelques représentations du Dieu grotesque appelé Bès, par les Egyptiens, par Heuzey. 1879, fig. — Collection Lecuyer. Terres cuites de Tanagra et d'Asie Mineure, 1883, fig.

189. DIVERS. 5 brochures, in-8 et in-4.

Exposition 1874, Rapport par Ph. Burty. — Procédé simple pour cuire chez soi sans moufle les peintures vitrifiables sur porcelaine, par Gabelle, 1876. — Carrelage de l'église de Belleperche xiii° siècle. — Peintres, Sculpteurs, Céramistes, par Trabaud. — Notice sur les faïenceries de Longwy et de Senelle, 1878.

190. DIVERS. 9 brochures, in-8.

Compte-rendu par le potier de Rungis sur la céramique, 1865. — Note sur le Musée céramique d'Aoste en Dauphiné, par Chizy, 1863. — Des causes de la splendeur et de la décadence des arts céramiques, par le potier de Rungis, 1869. — L'Exposition d'art et d'archéologie de Rouen, par Darcel. 1861. — Exposition d'Elbeuf compte-rendu, par Bordeaux, 1862. — Exposition d'Elbeuf, par Gouellain, 1862. — 2 catalogues.

CHANSONS POPULAIRES

191. ALBUM LYRIQUE, composé de douze romances, chansonnettes, orné de 12 lithographies. *Paris*, 1831, in-8, cart. tr. dor.

192. ALLEMAGNE. Ballades et Chants populaires, anciens et modernes, traduction nouvelle par Albin. *Paris*, 1842, in-12, cart. — Histoire du Lied, ou la Chanson populaire en Allemagne, par Schuré. *Paris*, 1868, in-12, cart. couv. imp. — Chansons des Allemands contre la France, pendant la guerre d'invasion, 1870-71, traduites par Charlot. *Paris*, 1872, in-12, br. couv. imp.

193. BELAMY. Recueil de Noëls anciens, au patois de Besançon, nouvelle édition corrigée, suivie du Sermon de la Crèche et augmentée de notes explicatives et historiques. *Besançon*, 1842, in-12, dem.-rel. non rog.

194. BOTHEREL. Je Crois au Peuple, histoire de la Nation française par les chants et les chansons. *Paris*, 1858, in-12, (tome 1ᵉʳ seul paru), cart. couv. imp.

195. BOURGOGNE. Les Noëls Bourguignons de Bernard de la Monnoye, précédés d'une notice par Fertiault. *Paris*, 1842, in-12, cart. non rog. — Les Noëls Bourguignons, suivis des Noëls Maconnais, publiés par Fertiault, 24 dessins, *Paris*, 1858, in-12, fig., br. couv. imp. — Noëls d'Aimé Piron, en partie inédits, avec un avant-propos et la musique des airs les plus anciens et les moins connus, par Mignard. *Dijon*, 1858, in-12, br. couv. imp. — Histoire d'un Chant populaire bourguignon, par Fertiault. *Paris*, 1883, in-12, br. couv. imp (Lettre de l'auteur ajoutée).

196. BRETAGNE. Chants populaires de la Basse-Bretagne, recueillis et traduits par Luzel. *Lorient*, 1868, in-8, cart. couv. imp.

> Envoi d'auteur.

197. BRETAGNE. Chants populaires de la Bretagne, recueillis, traduits et annotés, par le vicomte de Villemarqué, sixième édition. *Paris*, 1867, in-12, br. couv. imp. — Chansons populaires, recueillies dans le département d'Ille-et-Vilaine, par Decombe. *Rennes*, 1884, in-4, br. couv. imp.

198. BRETAGNE. Légendes, Contes et Chansons populaires du Morbihan, par le Dr Fouquet, 1857, in-12, cart. couv. imp. — Etudes sur les Chants populaires en français et en patois, de la Bretagne et du Poitou, recueillis et annotés, par Guéraud. *Nantes*, 1859, in-8, cart.— Chansons populaires de Bretagne, *s. l.*, 1872, br. in-12, couv. imp. — Chants populaires de la Haute-Bretagne, recueillis par un Guérandais. *Savenay*, 1884, br. in-8, couv. imp.

199. BUCHON (Max). Noëls et Chants populaires de la Franche-Comté. *Salins*, 1863, in-12, cart. couv. imp.

200. BUJEAUD (Jérome). Chants et Chansons populaires des provinces de l'Ouest, Poitou, Saintonge, Aunis et Angoumois, avec les airs originaux, recueillis et annotés. *Niort, Clouzot*, 1866, 2 vol. in-8, dem.-rel., couv. imp.

201. CHANSONS MANUSCRITES. Recueil d'airs, vaudevilles et brunettes, xviiie siècle, in-8, mar. rouge, fers dorés sur les plats.

202. CHANSONS POPULAIRES. France et Étranger. Recueil factice, in-8, cart.

203. CHANSONS POPULAIRES. 30 brochures in-8.

Une Chanson Hollandaise sur le meurtre du Maréchal d'Ancre, 1876. — De l'Authenticité des Chants du Barzaz-Breiz de M. de Villemarqué, 1872. — Cris et Chants des Pâtres de la Bresse. Vieilles chansons recueillies en Velay et en Forez, par Smith, 1878. — Les Noces de campagne en Berry. — De la poésie populaire en Limousin. — Chants populaires en Lyonnais, par Guimet, 1882, etc., etc.

204. CHANSONS POPULAIRES. 11 volumes in-8 et in-12, cart. et br. couv. imp.

Romancero Espagnol, ou Recueil des Chants populaires de l'Espagne. Paris, 1854, 2 vol. — Chants populaires de l'Italie, traduction par Caselli. *Paris*, 1865. — Chants canaques, par Louise Michel. *Paris*, 1885. — Les Poèmes nationaux de la Suède moderne, 1867. — Chants héroïques et Chansons populaires des Slaves. *Paris*, 1866. — Le Dialecte et les Chants populaires de la Sardaigne, par Bouillier. *Paris*, 1864. — Les Chants populaires de l'Angleterre, par Rathery, 1863. — Les Chants populaires de l'Inde, par Rathery, 1862. — Chants populaires de l'Inde, traduits par Garcin.

205. CHANSONNIER DES GARDES NATIONAUX. Recueil de poésies, cantates, couplets, etc. *Paris*, 1831, in-12, figures coloriées, cart. couv. imp.

206. CHOUX (Jules). La Muse parisienne et la Muse foraine depuis quinze ans. *Paris, J. Gay*, 1863, in-8, br. couv. imp.

207. CLÉMENT (Félix). Choix des principales Séquences du moyen âge, tirées des manuscrits, traduites en musique, 1861, in-8, cart. couv. imp. — Notice sur les chants de la Sainte-Chapelle, 1876, br. in-8. — Du Drame liturgique, par Cahour.

208. DELVAU (Alfred). Noëls et Chants populaires de la France, recueillis et notés par Alf. Delvau et Debillemont. *Ext. du journal: Les Amis du Peuple*, 1858, in-8, cart.

209. DESROUSSEAUX. Chansons et Pasquilles lilloises. *Lille*, 1858-1865, 4 vol. in-12, fig., br. couv. imp. — Mes Étrennes, almanach chantant. *Lille*, 1859, 1860, 1861, 3 vol. in-12, br. couv. imp. — Airs des chansons, etc., lilloises. *Lille, s. d.*, in-18, couv. imp.

210. DUPONT (Pierre). Chants et Chansons, ornés de gravures sur acier, d'après T. Johannot, C. Nanteuil, etc. *Paris, Houssiaux*, 1852, les 2 premiers volumes in-12, fig., br. couv. imp.
Première édition.

211. DURIEUX. Chants et Chansons populaires du Cambrésis, avec les airs notés. *Cambrai*, 1864, 2 vol. in-8, cart. couv. imp.

212. FAVRAT. Le Ranz des Vaches de Gruyère, chanson de vigneron, illustré par Roux, avec une notice littéraire. *Berne*, s. d., in-4, br. couv. imp.

213. FOUQUIER (Achille). Chants populaires espagnols, quatrains et séguidelles, avec accompagnement pour piano, dessins de Santiago Arcos, imprimés hors texte. *Paris, Jouaust*, 1882, in-8, br. couv. imp.

214. GRÈCE. Chants héroïques des montagnards et matelots grecs, par Lemercier (Népomucène). *Paris, Canel*, 1824, in-8, cart. — Chants du peuple en Grèce, par de Marcellas. *Paris*, 1852, 2 vol. in-8, br. couv. imp.

215. JOURDAIN. Le Chansonnier Morainville. *Chartres*, 1861, in-12, port., cart. non, rog. couv. imp.

216. LARUE. Les Chansons populaires et Historiques du Canada. *Québec*, 1863, in-8, cart. couv. imp. — Chansons populaires du Canada, recueillies et publiées avec annotations, par Gagnon. *Québec*, 1865, 4 livraisons in-8, couv. imp.

217. LEMONNIER (Camille). Noëls flamands. *Paris*, 1887, in-12, br. couv. imp.
Première édition, envoi d'auteur.

218. LEROUX DE LINCY. Recueil de Chants historiques français, depuis le xiie siècle jusqu'au xviiie siècle. *Paris*, 1841, in-12, cart. — Chants historiques et populaires du temps de Charles VII. *Paris*, 1856, in-12, papier vergé, cart.

219. LORRAINE. Poésies populaires de la Lorraine. *Nancy*, 1854, in-8, cart. couv. imp. — Recueil nouveau de Vieux Noëls inédits en patois de la Meurthe et des Vosges, par Jouve, *s. l. n. d.*, in-8, cart. — Noëls patois, anciens et nouveaux, par Jouve. *Paris*, 1864, in-12, cart. — Airs des Noëls Lorrains, recueillis et arrangés pour orgue et harmonium, par Grosjean. *Saint-Dié*, *s. d.*, in-4, obl. couv. imp.

220. LORRAINE. Chants populaires recueillis dans le pays Messin, mis en ordre et annotés par le comte de Puymaigre. *Metz*, 1865, in-12, br. couv. imp. — Chants populaires messins, recueillis dans le val de Metz, par Quépat. *Paris*, 1878, in-12, br. couv. imp.

221. MIDI. Usages et Chansons populaires de l'ancien Bazadais, par Lamarque. *Bordeaux*, 1843, in-8, cart. couv. imp. — Poésies populaires en langue française recueillies dans l'Armagnac et l'Agenais, par Bladié. *Paris*, 1879, in-8, papier de Hollande, br. couv. imp.

222. MIDI. Chants populaires de la Provence, recueillis et annotés, par Damase Arbaud. *Aix*, 1862, 2 vol. in-12, br. couv. imp. — Le Gai Troubadour, par Levère. *Toulouse*, 1881, in-12, br. couv. imp. — Noëls béarnais et français, par Darricade, 2 br. in-8, couv. imp.

223. MONNET. Anthologie française, ou Chansons choisies depuis le xiiie siècle jusqu'à présent, *s. l.*, 1865, 3 vol. in-8, 1 portrait par Cochin, 3 frontispices par Gravelot, cart. (Manque le frontispice du 3e vol.)

224. NORMANDIE. Étude sur la poésie populaire en Normandie et spécialement dans l'Avranchain, par Beaurepaire. *Avranches*, 1856, in-8, cart. couv. imp. — Origine, Antiquités de Paris et Histoire de Rouen, mises en chansons au xviiie siècle, par Poirier, dit Le Boîteux, publiées avec une introduction par un bibliophile rouennais, trois eaux-fortes par J. Adeline. *Paris*, 1873, in-8, br. couv. imp.

225. RASTIER (Abbé). Vieux Noëls illustrés, par Hadol, airs primitifs, avec accompagnement de piano, par l'abbé Rastier. *Paris, Hachette, s. d.*, in-fol. cart. de l'éditeur.

226. RÉVOLUTION, RESTAURATION, ETC. Hymnes. Cantates. Chants patriotiques et révolutionnaires.

Chénier (Marie-Joseph). L'Hymne du 10 août. — Le Chant du 14 juillet, in-4. — Le Chant du départ. *Paris, Du Magasin de musique à l'usage des Fêtes Nationales*, in-4 (Éditions originales).

Dangleterre. Cantate en l'honneur des Vainqueurs de la Bastille. *Paris, chez l'auteur*, 1834.

Désorgues. Hymne à l'Être suprême. *Paris*, an II, in-4.

Lebrun. Hymne pour la Fête de l'Agriculture. *Paris, A l'imprimerie du Conservatoire*, in-4 (1re édition).

Varon. Hymnes à trois voix pour la fête de la Réunion célébrée le 10 août, an II de la République, in-4 (1re édition).

Recueil in-8. Parodie de l'Hymne des Marseillais. — Confession de Marie-Antoinette. — La Carmagnole des Royalistes. — Parodie de l'Hymne des Marseillais, en chanson bachique, etc. *A Dijon, de l'Imprimerie patriotique.*

Naudet. Le Champ-d'Asile. *Paris, Bresler*, 1816, frontispice d'Horace Vernet.

Chaves. La France délivrée ou la Lyonnaise. *Paris, Leduc*, 1814, in-4.

Delavigne (Casimir). La Marche parisienne. *Paris, Imprimerie royale*, 1830, in-4, vignette.

Sowinski. Chant national polonais, *Paris, Launer*, in-4. Frontispice lithographié par Tellier.

Maurel. Le Réveil du peuple de 1830, *Paris, Eder*, in-4, etc., etc.

227. REYER. 40 Vieilles chansons du XIIe au XVIIIe siècle, recueillies et arrangées. *Paris*, in-4, cart. couv. imp.

228. SCHERER. Les Chansons nationales allemandes, avec leurs airs particuliers. *Stuttgart*, 1863, in-8, figures, dem.-rel. (*En allemand.*)

229. SUISSE. Recherche sur les ranz des vaches, ou sur les chansons pastorales des bergers de la Suisse, avec musique, par Tarenne. *Paris*, 1883, in-8, cart. — Échos du Bon vieux Temps, suite aux chansons de nos grand'mères, par Godet. *Neuchâtel*, 1881, in-4, fig., cart. couv. imp.

230. WECKERLIN. Echos du Temps passé, transcrits avec accompagnement de piano. *Paris, s. d.*, 2 vol. in-8, cart.

231. WEKERLIN. Chants et Chansons populaires du printemps et de l'été. *Paris*, 1869, br. in-8, couv. imp.

Tirée à 50 exemplaires.

232. WEKERLIN. Opuscules sur la chanson populaire et sur la musique. *Paris*, 1874, in-8, br. couv. imp.

Tiré à 30 exemplaires.

233. DIVERS. 9 volumes ou brochures, in-8 et in-12, cart.

Les Noëls Bressans, de Bourg, de Pont-de-Vaux, etc., traduits et annotés par Le Duc. *Bourg*, 1845. — Noëls nouveaux sur des vieux airs. *Bourges*, 1857. — Le Noël de Saint-Benoît, par l'abbé Pelletier. *Orléans*, 1862. — Le Noël des paroisses d'Orléans, par l'abbé Pelletier, 1860. — Chants et Légendes populaires d'Alsace, par Stoeber. — Mémoire sur quelques airs nationaux, par Beaulieu. *Niort*, 1859. — Rondes d'enfants, recueillies à Issoudun, par Ulric Richard Desaix (*Extrait*).

234. DIVERS. 6 volumes in-8.

Cris de Paris, par Mainzer, figures. — Chants guerriers, par Pierre Dupont, Aug. Barbier, etc., figures. — Le Chant de guerre pour l'armée du Rhin ou la Marseillaise, par Le Roy, 1880, fig. — Chants nationaux du monde entier, pour piano, par Messemaeckers. — La Mère l'Oie, poésies, chansons et rondes enfantines, 1867, fig. — La Balalayka, chants populaires russes, 1837. — Rouget de Lisle et la Marseillaise, par Poisle Desgranges. *Paris*, 1864, eau-forte, in-12, br. couv. imp.

LA

DANSE MACABRE

LA DANSE DES MORTS

235. DEVIGNE. Notice sur un fragment de Danse macabre, dalle funéraire découverte à Bruges. *Gand*, 1850, in-8, fig., cart.

236. GERSON (Jehan). La Danse macabre composée par maistre Jehan Gerson. *Paris, Willem, s. d.*, in-8, fig., br. couv. imp.

237. LANGLOIS. Essai historique philosophique et pittoresque sur les Danses des morts. *Rouen*, 1852, 2 vol. in-8, fig., cart.

238. LOCLE. La Danse des morts pour servir de Miroir à la nature humaine, avec le Costume dessiné à la moderne et des vers à chaque figure. *Au Locle, Girardet* (vers 1770), in-8, 42 planches dem. rel. (déchirure à un feuillet).

239. MASSMANN. Atlas de 39 planches représentant des séries de Danses de mort grav. sur acier. Plus fac-similé de 26 pl. de Danses macabres anciennes, grav. sur bois. *Leipzig*, 1847, in-4, dem. rel.

> Titre et texte en allemand.

240. MONTAIGLON. L'Alphabet de la Danse des morts de Hans Holbein. *Paris, Tross*, 1856, 2 vol., in-8, fig. *Anglais et Italien*, cart.

241. RETHEL ET REINICK. Encore une Danse des morts de l'année 1848. *Leipzig, Wigand*, in-4 de 2 pages et 6 planches, br.

> Titre et texte en allemand.

242. SCHELLENBERG. Apparition de l'ami Hein à la manière de Holbein. *Winterthur, Steiner*, 1785, in-8, 25 planches gravées sur cuivre, hors texte, cart. non rog.

> Texte en allemand.

243. DANSE DES MORTS (La). Ainsi qu'on la trouve peinte dans la célèbre ville de Bâle, etc. *Bâle, von Michel*, 1776, in-8, dans le texte 42 gravures sur bois, plus un frontispice gravé, cart.

> Titre et texte en allemand.

244. DANSE DES MORTS (La), dessinée par Hans Holbein, gravée par Schlothauer, expliquée par Fortoul. *Paris, Labitte, s. d.*, in-18, fig., dem.-rel.

245. DANSE DES MORTS (La), gravée d'après les tableaux qui se trouvent sur le mur du cimetière de l'église de Saint-Jean à Bâle. *Basle*, 1858, in-18, fig., br. couv. imp.

246. DANSE MACABRE (La grande), des hommes et des femmes. *Paris, Baillieu, s. d.*, in-4, fig., cart.

247. DIVERS. 4 brochures in-8. La Danse des morts par Giron. —
Recherches sur la Danse macabre de 1425, par Baudry. —
La Danse des morts de Kermaria-an-isquit, par Soleil. *Saint-Brieuc*, 1882, fig., br. couv. imp.

Vignette à la manière noire pour le DE PROFUNDIS *d'Alfred Mousse*
Arsène Houssaye, 1834)

FACÉTIES

248. ERASME. Eloge de la Folie, traduit par Deverlay, et accompagné des dessins de Hans Holbein. *Paris, Jouaust,* 1872, papier de Hollande, fig. br. couv. imp.

249. FURETIÈRE (de). Le Roman bourgeois. *Nancy, Cusson,* 1712, in-12, 6 gravures, v. m.

250. LEBAS. Festin joyeux, ou la Cuisine en musique, en vers libres. *Paris, Lesclapart,* 1738, 2 parties en 1 vol. in-12, v. m.

> Ouvrage réellement fort gai. La manière de faire un bon bouillon se chante sur l'air de *Joconde.* La cuisinière pour réussir une Fricassée de poulets doit entonner la musette : *Dans nos champs l'amour de Flore.* Pour remuer convenablement une salade, il est indispensable de chanter l'air : *Vous brillez seule dans ces retraites,* etc. Quarante-neuf airs sont notés pour l'instruction des cuisinières.

251. MARCHANT. La Jacobinéide, poème héroï-comi-civique. *Paris, au Bureau des Sabots Jacobites,* 1792, in-8, fig., cart. non rog.

252. MARTI (Emmanuel). Discours sur la musique zéphyrienne, adressé aux vénérables crépitophiles, opuscule facétieux. *Paris, Willem,* 1873, in-8, papier teinté, br. couv. imp.

253. NÉEL (Balthazar). Voyage de Paris à Saint-Cloud, avec introduction et douze eaux-fortes par Jules Adeline. *Rouen,* 1878, in-8, dans un carton, non rog.

254. ROQUELAURE. Les Aventures divertissantes du duc de Roquelaure, nouvelle édition augmentée de figures en taille
douce, qui n'ont pas encore paru. *Versailles*, 1787, in-18,
cart. non rog.

255. SALVERTE (Eusèbe). Un Pot sans couvercle, et rien dedans,
ou les Mystères du Souterrain de la rue de la Lune. *Paris*,
an VII, in-8, fig., cart.

256. TYRON. Mirouer des enfants ingratz. *Aix, Imprimerie Pon-
tier*, 1836, in-12, fig., cart. non rog.

257. VADÉ. Les Farceurs de l'ancien régime. Œuvres badines.
Paris, 1834, in-8, fig., cart. non rog. couv. imp.

258. DIVERS. 9 volumes, in-8 et in-12.

Satyres chrestiènes de la cuisine papale. Réimpression faite à Genève, 1857.—
Le Bestiaire d'amour, par Richard de Fournival, suivi de la réponse de la dame.
Paris, 1860, figures.—Contes et Facéties par le comte de Caylus, 1885.— Mémoires
et Réflexions du comte de Caylus, 1875, papier vergé, frontispice. — Le Triumphe
de haulte et puissante dame Vérole, avec une préface, par Montaiglon, 1874. — Le
Bourgeois poli, *Chartres*, 1877.— La Pipe cassée. *Paris, Berlin*, s. d., figures, etc.

259. DIVERS. 9 volumes in-8 et in-12.

Le Congrès des Bêtes. *Londres*, s. d., fig. — Le Blazon des Hérétiques.
Chartres, 1832, Monacologie, illustrée de figures sur bois, 1844. — Sermon de la
vie de Saint-Ongnon (pièce tirée à 40 exemplaires). — La Seizième joie du
mariage, 1866. — L'Épouse d'outre-tombe. *Paris, Gay*, 1864, papier de Hollande.
— Le Moine sécularisé. *San Rémo, Gay*, 1874. — Les Songes drolatiques de Pan-
tagruel, par Rabelais, 1869, fig. — Comédie du pape malade et tirant à sa
fin, 1561. *Réimprimé à Genève, chez Fick*, 1859.

HISTOIRE

260. AUBIGNÉ. Mémoires de la vie de Théodore. Agrippa d'Aubigné. *Amsterdam*, 1731, in-12, cart. non rog.

> Exemplaire de la bibliothèque de Balzac, avec la reliure habituelle. Promis à M. Champfleury le 13 mai 1851, envoyé le 8 juillet (même année). Entre ces deux dates.... des abîmes!....
> Note autographe de M. Champfleury.

261. BEUGNOT (Comte de). Mémoires, 1783-1815, publiés par son petit-fils. *Paris*, 1866, 2 vol. in-8, cart. non rog. couv. imp.

262. BISMARCK (de). Correspondance diplomatique, 1851-1859, publiée d'après l'édition allemande. *Paris*, 1883, 2 vol. in-8, br. couv. imp.

263. EMBLÈMES NATIONAUX. 6 volumes ou brochures in-8 et in-12.

> Histoire de la Cocarde tricolore, par Pouy, 1872. — Le Drapeau blanc, par de Saint-Léon, 1871. — Le Drapeau de la France avant 1789, *Paris*, 1875. — Etude sur nos Emblèmes et recherches historiques sur le Drapeau de la France, *Versailles*, 1875, etc., etc.

264. FEUILLET DE CONCHES. Souvenirs de première jeunesse d'un curieux septuagénaire. *S. l. n. d. Pour distribution privée*, in-8, br. couv. imp.

> Tiré à 100 exemplaires.

265. LIESVILLE. Histoire numismatique de la Révolution de 1848. *Paris*, 1877, 9 liv. in-4, fig., couv. imp.

266. MAINDRON. Les Murailles politiques françaises, depuis le 18 juillet 1870 jusqu'au 25 mai 1871, affiches françaises et allemandes. *Paris*, 1874, 2 vol. in-4, cart. non rog.

   Envoi d'auteur.

267. MARY-LAFON. La Croisade contre les Albigeois, épopée nationale, traduite, illustrée de 12 gravures hors texte reproduisant les anciens dessins du temps. *Paris*, 1868, in-8, br. couv. imp.

268. MONITEUR PRUSSIEN DE VERSAILLES (Le). Reproduction des 15 numéros du *Nouvelliste de Versailles* et des 108 numéros du *Moniteur Officiel*, parus à Versailles pendant l'occupation prussienne, publiés par G. d'Heylli. *Paris*, 1872, 2 vol. in-8, br. couv. imp.

269. POLITIQUE, HISTOIRE, etc., 12 volumes in-12, br. couv. imp.

   Abrégé des Révolutions, par Thouret, Norvins, 1820, 3 vol. fig. — Mémoires sur les journées révolutionnaires, par de Lescure, 1875, 2 vol. — Le Clergé de 1789, par Wallon, 1876. — Le Président Bonjean, 1871. — Histoire des Conspirations sous la Commune, par Dalsème, 1872. — Raoul Rigault, étude par Forni, 1871. — Le Prince de Bismarck, sa correspondance, par Proust, etc.

270. POLITIQUE. 11 volumes in-8 et in-12 br.

   Scènes historiques des prétendus réformateurs, Chatel, Auzou, etc., 1834. — Le Livre du Compagnonnage, mémoires d'un compagnon, par Agricol Perdiguier, 1854, 4 vol. — Biog. de l'auteur du Livre du Compagnonnage, 1846. — Le Secret du peuple de Paris, par Corbon, 1863. — Les Aventures de ma vie, par Brain, 1877, etc., etc.

271. POMPADOUR (Mme de). Correspondance avec son père, M. Poisson et son frère, M. de Wandières, publiée pour la première fois par P. Malassis. *Paris, Baur*, 1878, in-8, papier vergé, portraits, br. couv. imp.

272. Rozier (Pilatre de). La Vie et les Mémoires, écrits par lui-même. *Paris*, 1786, in-12, br. non. rog.

273. Divers. 10 volumes in-8, couv. imp.

Montausier, sa vie et son temps, par Roux, 1860. — Lettres de Alex. de Humboldt, 1860. — Souvenirs d'histoire contemporaine, par le baron de Bourgoing, 1864. — Documents officiels recueillis dans la secrétairerie privée de Maximilien, par Lefèvre, 1869, 2 vol. — Le Prince Davout raconté par les siens et par lui-même, 1879-1887, 2 vol. — Scènes et Portraits, choisis dans les mémoires de Saint-Simon. *Paris*, 1876, 2 vol. in-12. — Conversation du maréchal d'Haquincourt, 1865, in-18.

274. Divers. 12 volumes in-12, br. couv. imp.

Mémoires de Paul de Kock, 1873, portr. — La vie de Paul de Kock par Timothie Trimm, 1873, portr. — Les Jugements nouveaux, par Xavier Aubryet, 1860. — André-Marie Ampère, etc., correspondance et souvenirs 1875, 2 vol. — Lettres de Gustave Flaubert à George Sand, 1884. — Chenonceaux et Gustave Flaubert par Richard, 1887. — Le duc de Brunswick, sa vie et ses mœurs, 1875. — Beaumarchais en Allemagne, par Huot, 1869. — Souvenirs du marquis de Valfons, 1860. — Œuvres de Joubert, 1869. — Les Correspondants de Joubert, 1883.

275. Divers. 8 volumes in-8 et in-12 et 8 brochures.

Souvenirs de la journée du 1er prairial, an III, par Tissot, *Paris, an VIII.* — Poésies révolutionnaires et contre-révolutionnaires. *Paris*, 1821, 2 vol. br. — Notice biographique sur Sergent, graveur, député de Paris, par Noël Parfait. *Chartres*, 1848, in-8, br. — Les Travailleurs de Septembre, 1792, par Viel-Castel, 1862, in-12, br. — Les Conventionnels, listes des départements, par Guiffrey, 1889, in-8, br. — Qu'est-ce que le Tiers-État, par Sieyès, avec une introduction, 1888, in-8, br. — Liste des membres de la Noblesse impériale, par Campardon, 1889, in-8, br. — Histoire de l'art pendant la Révolution, considérée principalement dans les estampes, par Renouvier. *Paris*, 1863, in-8, dem.-rel., mar. rouge, etc.

276. Divers. 7 volumes in-18.

Almanach historique. *Paris*, 1793, fig. cart. non rog. — Almanach des prisons. *Paris, an III*, fig., br. non rog. — Tableau des prisons de Paris, sous le règne de Robespierre. *Paris, s. d.*, 2 part. en un vol. dem.-rel., fig. — Constitution, an IV, v. m. — La Religion Chrétienne rétablie, etc., Étrennes nouvelles. *Paris*, 1795, fig., br. non rog. — Cassandre, ou quelques réflexions sur la Révolution, au *Caire*, 1798, fig. br.

277. Divers. 10 volumes in-8, br. couv. imp.

La Colonne de Lille, recueil de documents historiques. 1845, fig.—Notes sur la Vie et les Écrits d'Euloge Schneider, accusateur public du département du Bas-Rhin, par Hertz. *Strasbourg*, 1862. — Historique des Volontaires de l'Oise enrolés pour la défense de la patrie en septembre 1792, par Horoy. *Paris*, 1863. — La Charente révolutionnaire, par Bujeaud, tome premier. — Épisodes et Curiosités révolutionnaires, par Combes. — Catalogue d'une collection d'ouvrages sur Louis XVI, etc., 1869.— Éloge historique du général Marceau, par Lavallée,1797. — Bibliographie du département du Gers, pendant la Révolution, 1867. — La Kanal, ses travaux à la Convention, 1849, etc., etc.

L'IMAGERIE ET LES LIVRES POPULAIRES

278. Bois-Fick. Anciens bois de l'imprimerie Fick à Genève. *Genève, G. Fick*, 1863, in-fol. en feuilles.

279. Garnier. Histoire de l'Imagerie populaire et des Cartes à jouer à Chartres, suivie de Recherches sur le commerce du colportage des Complaintes, Canards et Chansons des rues. *Chartres*, 1869, in-12, fig., cart.

280. Gravures sur bois. 5 brochures in-8, couv. imp.
> Les Gravures en bois dans les livres d'Antoine Verardt, maître libraire, imprimeur, etc., par Renouvier, *Paris*, 1858, in-8, fig. — Supplément à la Xylographie et à l'illustration de l'ancienne imprimerie Troyenne publiée par Socard, *Paris*, 1880, fig. (Tiré à 30 exemplaires). — Quelques gravures sur bois des premiers imprimeurs Sénonais, par Julliot. *Sens*. 1880, fig., etc., etc.

281. Gravures sur bois, tirées des livres français du xvᵉ siècle, sujets religieux, démons, mœurs et costumes, etc. *Paris*, 1868, in-4, dans un carton.

282. Liesville (de). Recueil de bois ayant trait à l'Imagerie populaire, aux cartes, aux papiers. *Caen, Leblanc-Hardel*, 1869, 4 fascicules, in-fol. papier de Hollande, couv. imp.
> Tiré à 50 exemplaires.

283. Marbach. Les Livres populaires allemands publié par Marbach : Histoire de Greseldes, du Margrave, Walther, avec quelques autres exemples d'amour fidèle, etc. *Leipzig*, 1838.
> 50 brochures (en allemand), réunies en 8 vol. in-12, cart.

284. NIZARD (Charles). Histoire des Livres populaires, ou de la Littérature du colportage, deuxième édition, revue, corrigée. *Paris*, 2 vol. in-12, fig., dos et coins, mar. vert, dor. en tête, non rog.

Imagerie populaire

285. SOCARD et ASSIER. Livres liturgiques du diocèse de Troyes, imprimés au XVe et au XVIe siècles, ouvrage orné de 86 gravures originales. — Livres populaires imprimés à Troyes de 1600 à 1800. Ascétisme, etc., ouvrage orné de 180 gravures tirées avec les bois originaux, *Paris*, 1863, 1864, 2 vol. in-8, br. couv. imp.

286. SOCARD. Livres populaires. Noëls et Cantiques imprimés à Troyes, depuis le xvii° siècle jusqu'à nos jours, avec des notes bibliographiques et biographiques sur les imprimeurs Troyens, ouvrage orné de 20 gravures originales. *Paris, Aubry*, 1865, in-8, papier vergé, br. couv. imp.

287. VARLOT. Illustration de l'ancienne imprimerie Troyenne, 210 gravures sur bois des xv°, xvi°, xvii° et xviii° siècles. *Troyes, Varlot*, 1850, in-4, cart. non rog.

Tiré à 80 exemplaires.

288. VARLOT. Xilographie de l'Imprimerie Troyenne pendant le xv°, le xvi°, le xvii° et le xviii° siècles, précédée d'une lettre du bibliophile Jacob, sur l'histoire de la gravure en bois, par Varusoltis de Troyes. *Troyes, Varlot*, 1859, in-4., fig., cart.

289. VIGNETTES, (Essai satirique sur les) fleurons, culs-de-lampe et autres ornements des livres. *Paris*, 1873, in-12, papier vergé, fig., br. couv. imp.

290. DIVERS. 5 brochures in-8.

Epinal et l'Imagerie dans les Vosges, par Sabourin. *Strasbourg*, 1868. — Les Images populaires flamandes, au xvi° siècle, par Hymans. *Liège, s. d.* — Imagerie scolaire, par Havard, 1883.—L'Imagerie populaire en Bretagne, par Sébillot, 1888 fig. — Histoire de l'Imagerie, par Tal. — L'Imagerie et la littérature populaires dans le Comtat Venaissin, par Cerquand. *Avignon*, 1883.

JOURNAUX

291 ART (L'). Revue bi-mensuelle, illustrée, 1888, 1889, jusqu'au numéro 612, 15 novembre, en livraisons.

292. BAGATELLE, Journal de la Littérature, des Beaux-Arts et des Théâtres, 1832-1833, 40 numéros in-4, vignettes romantiques dans le texte, cart.

293. BIBLIOPHILE FRANÇAIS (Le). Gazette illustrée des Amateurs de livres, d'estampes, etc., 1868-1870, 5 tomes, in-8, fig., en 4 vol. cart. non rog.

294. CABINET DE L'AMATEUR (Le), par Eug. Piot, nouvelle série, 1861-1863, in-4, fig., cart. non rog.

295. CHRONIQUE MUSICALE (La). Revue de l'Art ancien et moderne, 1873-1875, 54 numéros in-8, fig., couv. imp. (Manque le numéro 22.)

296. COURRIER DE L'ART. Chronique hebdomadaire des ateliers, des musées, des ventes publiques, etc., 1881 à 1888, 7 vol. in-4, cart. et br. non rog.

297. GAZETTE DES BEAUX-ARTS. Table alphabétique et analytique du tome I au tome XXV. *Paris*, 1866-1871, 2 vol. in-8, br. couv. imp., 13 numéros divers.

298. HATIN. Les Gazettes de Hollande et la Presse clandestine aux XVIIᵉ et XVIIIᵉ siècles, eau-forte de Ulm. *Paris*, 1865, in-8, papier vergé, br. couv. imp.

299. LIVRE (Le). Revue du Monde littéraire, 1880 à 1888, in-8, en livraisons.

300. MERCURE DE FRANCE (Le). Études et Révélations mensuelles du journalisme, des ateliers, des salons, des théâtres, etc., 1835-36, in-4, cart. non rog.

Cette revue, dirigée par M. Henry Berthoud, paraissait par livraisons mensuelles, n'eut que deux années d'existence ou 24 numéros.

Parmi les quelques gravures intercalées dans le volume, il faut citer un petit portrait en pied de Balzac, le croquis le plus ressemblant de tous ceux entrepris d'après le romancier. Des articles curieux, signés *Une Contemporaine*, montrent les célébrités du jour « dans leur intérieur ».

Bien des travaux de critique sont enfouis dans cette gazette et n'ont jamais été réimprimés : *M. Scribe*, par Alph. Karr; *Sainte-Beuve*, par Félix Davin; *Dignité de la Presse*, par Émile de Girardin; *Direction des Arts en France*, par A. Thiers; *les Enseignes de Paris*, par Ernest Fouinet; *les Révélations d'une vieille femme*, par Dantan jeune; *l'Atelier de Decamps*, par Alex. Dumas, etc.

Cette Revue très rare est absolument complète.

Vignette de Tony Johannot.
Titre du journal l'*Entr'acte* (1835).

301. MUSÉE ou Magasin comique de Philipon. *Paris, Aubert,* in-4, fig., br. (*Incomplet*). — Musée universel, revue illustrée, 1873-74, 109 numéros in-8, fig., couv. imp.

302.. Paris-Croquis. 1888-89, 28 numéros in-4, eaux-fortes de Boutet.

Collection complète.

303. Parodie (La), par Gill. 1869, 21 numéros in-4, br. non rog.

Collection complète.

304. Petite Revue (La), par les rédacteurs de l'ancienne Revue anecdotique. 1863-1866, 155 numéros in-12, couv. imp.

305. Orateurs des Clubs (Les), portraits-charges par Gaillard fils. 1869, 4 numéros in-4, cart. non rog.

Collection complète.

306. Réalisme, paraît le 15 de chaque mois, par Duranty, Assezat, etc., 1857, 6 numéros in-4, plus un numéro du 16 juillet 1856, qui n'a pas paru, cart. non rog.

Collection complète.

307. Renaissance (La) littéraire et artistique, 1872-1873, 2 vol. in-4, cart. non rog.

308. Revue anecdotique des Lettres et des Arts, 1855-1862, 15 vol. in-12, br. non rog. (1855 est rog.).

Collection complète.

309. Revue Comique, dirigée par Bertall, 1871, 10 numéros in-4, caricatures, en liv. non rog.

Collection complète.

310. Revue Comique (La), à l'usage des gens sérieux, novembre 1848 à avril 1849, in-8, fig., cart. — Paris a l'eau-forte, 1873-1874, 3 vol. in-8, eaux-fortes, cart. non rog. — Revue Illustrée des Lettres, Sciences, etc., dans les Deux Mondes, 1875, in-4, fig. cart. non rog.

311. SPECTATEUR (Le). Revue littéraire, théâtrale, 1886-1888, in-4, cart. — LE THÉÂTRE revue mensuelle, 1874-1875, 4 numéros in-8, fig. cart.

Collections complètes.

312. VERMANDOIS (Le). Revue d'histoire locale, beaux-arts et littérature, première année. *Saint-Quentin*, 1873, in-8, fig. br. couv. imp.

313. VIE PARISIENNE (La), dirigée par Marcelin, années 1873, 1874, 1875, 1878, 1879 et 1880, en feuilles.

LEGENDES POPULAIRES.

314. BEAUFORT (Comte de). Légendes et Traditions populaires de la France. *Paris,* 1840, in-8, cart. couv. imp.

315. BÉRIGAL. L'Illustre Jaquemort de Dijon, détails histori-ques, instructifs et amusants sur ce haut personnage, domici-lié en plein air, dans cette charmante ville, depuis 1382. *Dijon,* 1832, in-8, lithographie, cart. non rog.

316. BLADE. Contes populaires, recueillis en Agenais, traduction française et texte Agenais, suivis de notes comparatives. *Paris,* 1874, in-8, br. couv. imp. — Proverbes et Devinettes populaires, recueillis dans l'Armagnac et l'Agenais, texte gascon et traduction française. *Paris,* 1879, in-8, br. couv. imp.

317. BOSQUET (Mlle Amélie). La Normandie Romanesque et Mer-veilleuse, Traditions, Légendes et Superstitions populaires de cette province. *Paris,* 1843, in-8, dem.-rel.

318. BRETAGNE. Guionvac'h, études sur la Bretagne, par Kérar-duen. *Paris,* 1835, in-8, br. non rog. — Contes Bretons, recueillis et traduits par Luzel. *Quimperlé,* 1870, in-8, br. couv. imp. — Le Conteur Breton ou Contes Bretons, re-cueillis par Troude. *Brest,* 1870, in-12, br. couv. imp. — Le Fils du Garde-Chasse, récit vendéen, avec une eau-forte. *Nantes,* 1873, in-12, br. couv. imp.

319. BRUEYRE. Contes populaires de la Grande-Bretagne, *Paris, Hachette,* 1875, in-8, br. couv. imp.

320. Buchon (Max). Contes populaires de l'Allemagne, recueillis par les frères Grimm. *Paris*, *s. d.*, in-8, fig., cart. — Contes populaires de l'Allemagne, par le comte de Corberon. *Leipzig*, 1844, in-8, cart. — Contes populaires du Musæus, par Materne. *Paris*, 1848, in-12, br. couv. imp. — Légendes du Florival, ou la Mythologie allemande dans une vallée d'Alsace. *Guebwiller*, 1866, in-8, cart. — Légendes et Traditions du Rhin par Kiefer. *Mayence*, 1868, in-12, br. couv. imp.

321. Coudray-Maunier. La Bête d'Orléans, légende beauceronne. *Chartres*, 1859, in-12, fig. color., cart. non rog. couv. imp. — Histoire de la Bande d'Orgères. *Chartres*, 1858, in-18, fig., cart. non rog. couv. imp.

322. Denis. Chroniques et Traditions provençales. *Toulon*, 1831, in-8 cart. non rog.

   Note autographe de Champfleury.

323. Grimm (Les frères). Traditions allemandes recueillies, et traduites par M. Theil. *Paris*, *Levavasseur*, 1838, 2 vol. in-8, cart.

324. Leauzon-le-Duc. La Finlande, son histoire primitive, sa mythologie, sa poésie épique, etc. *Paris*, 1845, 2 vol. in-8, cart. couv. imp.

325. Lecocq, Chroniques, Légendes et Biographies beauceronnes. *Chartres*, 1867, 3 livraisons in-12, couv. imp.

326. Lecocq (Ad.). Les Loups dans la Beauce. *Chartres*, 1860, in-12, papier bleu, fig., cart. non rog. couv. imp. — Empiriques, Somnambules et Rebouteurs beaucerons. *Chartres*, 1862, in-12, papier bleu, cart. non rog. couv. imp.

327. Lecocq. Annales, Souvenirs et Traditions historiques du Pays-Chartrain, gravures d'après les dessins de MM. Moulinet, Bayard, L. Petit, etc., et fac-similé. *Chartres*, 1875, in-12, br. couv. imp.

328. LE ROUX DE LINCY. Le Livre des légendes, introduction.
Paris, 1836, in-8, cart. non rog. couv. imp. — Nouvelle
Bibliothèque bleue. Légendes populaires de la France. *Paris,*
1843, in-12, cart.

329. MIDI. 5 volumes ou brochures, in-8 et in-12.

Contes et Proverbes populaires, recueillis en Armagnac, par Bladé. *Paris.*
1867, in-8, cart. couv. imp. — Contes populaires de la Gascogne, par Moncaut,
Paris, 1861, in-12, br. couv. imp.—Le Gros Souper, ou les Fêtes de Noël à Marseille, étude locale par Mazière. *Marseille*, 1873, in-12, br. couv. imp. — Trois
nouveaux Contes recueillis à Lectoure, par Bladé. *Agen*, 1880, in-8, br. couv. imp.
— Des Monuments dits celtiques et des Légendes populaires du canton de Cor-
nus, etc., par Virenque. *Rodez*, 1873, in-8, br.

330. MONNIER (Désiré) et VINGTRINIER. Croyances et Traditions
populaires, recueillies dans la Franche-Comté, le Lyonnais,
la Bresse, etc. *Lyon*, 1874, in-8, br. couv. imp.

331. MONTEL et LAMBERT. Contes populaires recueillis.
1er fascicule. *Montpellier*, 1874, in-8, br. couv. imp.

Exemplaire annoté par Champfleury.

332. NORD. Gayant. Le Géant de Douai, sa famille et sa proces-
sion. *Douai*, in-8, fig., dem.-rel. — Chroniques, Traditions et Légendes de l'ancienne histoire des Flandres, recueillies par Delepierre. *Lille*, 1834, in-8, br. couv. imp. —
Qu'est-ce que Gayant. Notice par Denis. *Douai*, 1862, in-8,
cart. — Le même, nouvelle édition, 1889, in-12, br. couv.
imp. — Lille en vers burlesques. *Lille*, s. d., in-18, br. couv.
imp. — La Famille Gayant, quadrille et valse sur l'air national de Douai, par Choulet, in-8, fig. cart.

333. REINSBERG (Baron de). Traditions et Légendes de la Belgique, descriptions des fêtes religieuses et civiles, usages, etc.
Bruxelles, 1870, 2 vol. in-8, br. couv. imp.

334. TACHET DE BARNEVAL. Histoire légendaire de l'Irlande. *Paris*, 1856, in-8, br. couv. imp. — Irlande, poésies de bardes, légendes, etc. *Paris*, 1853, in-8, cart. — Burns, traduit de l'Ecossais, avec préface par Richard. *Paris*, 1874, in-12, eau-forte, br. couv. imp. — Les Dieux et les Héros, contes mythologiques, traduits de l'anglais, par Baudry. *Paris*, 1867, in-12, fig., br. couv. imp.

335. DIVERS. 11 brochures in-8.

Notice mythographique de Gayant, par Langlet, 1858. — Légendes et Croyances conservées dans la Creuse, par Bonnafoux, 1867. — Les Traditions de la Franche-Comté, traditions populaires de Poligny, par Thuriet, 1875. — La Légende de Sainte-Tryphine, par Levot. *Brest*, 1874. — Les Sorcières dans le Béarn, par Lespy. *Pau*, 1875. — Le Merveilleux dans l'Auxois, par Marlot, 1875. — Le Dimanche des Braudons, 1877, etc., etc.

336. DIVERS. 16 volumes ou brochures, in-8 et in-12.

Voyage dans les Départements de la France. L'Aisne, 1792, fig. — Histoire des Antiquités de la ville de Nismes, par Ménard, 1803. — Changements survenus dans les mœurs des habitants de Limoges, depuis une cinquantaine d'années, par Juge. *Limoges*, 1808. — Le même, deuxième édition, augmentée des Changements survenus depuis 1808. *Limoges*, 1817. — Courses de la Tarasque. *Arles*, 1846, fig. — Dévotions populaires chez les Flamands de France, par Raymond. *Dunkerque*, 1855. — Le Carnaval de Dunkerque, 1857. — Essai historique sur les mœurs et coutumes de Marseille, par Mazuy, 1854. — Le Carillon de la ville de Bailleul, par Coussemaker, 1885. — Pratiques de Sorcellerie ou Superstitions populaires du Béarn, par Barthery, 1874. — Bavardages de Mesdames mes Cousines, autrement dit des Commères de Strasbourg, par Bardellé, 1882. — Légendes et Récits populaires du Pays Basque, par Cerquand. *Pau*, 1878, tomes 3 et 4, in-8, br. couv. imp.

337. DIVERS. 8 brochures in-8, couv. imp.

Explication nouvelle des Jeux de la Fête-Dieu d'Aix, au point de vue historique. *Aix*, 1851, fig. — Le Langage populaire en Vendée, par Audé. *Napoléon*, 1858. — Essai historique et critique sur les Billets d'enterrement Orléanais, par l'abbé Pelletier, 1861. — Les Fêtes populaires dans l'Auxois. — Trois Contes populaires, recueillis à Lectoure, par Bladé. *Bordeaux*, 1877. — Sobriquets des villes et villages de la Côte-d'Or, par Clément-Janin, 3e partie, 1877. — Études sur les Devises personnelles et les Dictons populaires, par Watteville, 1888. — Les Poésies populaires de la Basse-Bretagne.

LIVRES ILLUSTRÉS DIX-NEUVIÈME SIÈCLE

338. BALZAC. Les Contes drolatiques, cinquième édition, illustrée de 425 dessins, par Gustave Doré. *Paris, Société générale
de Librairie,* 1855, in-8, br. couv. imp.

339. BIBLIOTHÈQUE AMUSANTE. 3 volumes in-18, figures coloriées d'Henry Monnier, cart. couv. imp.

  L'Art de mettre sa cravate, 1828. — L'Art de donner à dîner, 1828. — L'Art
  de payer ses dettes, 1827.

340. BIBLIOTHÈQUE AMUSANTE. 3 volumes in-18, figures coloriées
d'Henry Monnier, cart. couv. imp.

  Manuel de l'amateur de café, 1828. — Manuel de l'amateur d'huitres, 1828. —
  Bréviaire du Gastronome, 1828. *(Manque la couverture.)*

341. CAZOTTE. Le Diable amoureux, roman fantastique, précédé
de sa vie, de son procès, etc., par Gérard de Nerval, illustré
de 200 dessins, par Ed. de Beaumont. *Paris, Ganivet,* 1845,
in-8, cart. non rog.

342. CHALLAMEL (Augustin). Histoire-Musée de la République
française, depuis l'Assemblée des Notables jusqu'à l'Empire,
troisième édition. *Paris, Librairie moderne,* 1858, 2 vol. in-8,
fig., br. couv. imp.

343. CHANTS ET CHANSONS POPULAIRES de la France. *Paris,
Delloye,* 1843, 1re série, dérel.; 2e série, non rognée incomplète.

344. COMIC ALMANACK, Keepsathe comique pour 1842, 1843,
par Louis Huart, Balzac, H. Monnier, etc., orné de 12 gravures à l'eau-forte, par Trimolet. *Paris, Aubert,* 2 vol. in-12,
cart. de l'éditeur, couv. imp.

345. COSTER (Charles de). La Légende d'Ulenspiegel, ouvrage illustré de 14 eaux-fortes inédites de Rops, Claeys, etc. *Paris*, 1868, in-4, br. couv. imp.

Première édition.

346. DAUBIGNY et TRIMOLET. Les Contes de Perrault, quadrilles pour le piano, illustrés par Trimolet et Daubigny. *Paris, s. d.*, in-4, obl. cart. non rog.

347. DUCLOS (Vie anecdotique de), dit l'Homme à longue barbe. *Paris, s. d.*, in-18, figures coloriée d'Henry Monnier, br. couv. imp.

348. FABRE (François). Némésis médicale illustrée de 30 vignettes dessinées par Daumier. *Paris*, 1840, 2 tomes in-8, en 1 vol. dem.-rel.

349. FRANÇAIS PEINTS PAR EUX-MÊMES (Les). *Paris, Furne*, 5 vol. in-8, fig. color., br. couv. imp. — La Province. *Paris, Curmer*, 1842, 3 vol. in-8, fig. noires, cart. non rog. (Manque le titre au 3ᵉ volume.)

350. HUART (Louis). Muséum parisien, histoire physiologique, pittoresque, philosophique et grotesque de toutes les bêtes curieuses. 350 vignettes, par Grandville, Gavarni, Daumier, Traviès et Henry Monnier. *Paris, Beauger*, 1841, in-8, dem.-rel.

351. LA BÉDOLLIÈRE (Emile de). Les Industriels, métiers et professions en France. Cent dessins, par Henry Monnier. *Paris, Janet*, 1842, in-8, cart. non rog., couv. imp.

Première édition.

352. LABORDE (Comte de). Versailles ancien et moderne. *Paris, Schneider*, 1841, in-8, fig., cart. couv. imp.

353. LAGOBE. La vie de l'illustre M. Gogo, tribulations, désap-
pointements, gaucheries, etc., d'un melon social. *Paris, Marchands de nouveautés*, 1840, in-18, fig., cart. non rog.
couv. imp.

On a ajouté 21 gravures sur bois, tirées à part, de ce dessinateur inconnu et
une page manuscrite inédite de M. Champfleury à ce sujet : « L'homme, dit-il, qui
dessinait ces images, fut assez modeste pour n'y pas même joindre une initiale. Il
avait parfois, avec un certain instinct du grotesque et de l'étrange, l'idée de paro-
dier les vignettes romantiques. »

Vignette de Daumier

354. LAMY. Code des Amans ou l'Art de faire une connaissance
honnête. *Paris*, 1830, in-18, figure coloriée d'Henry Monnier,
br. couv. imp.

355. LESAGE. Histoire de Gil Blas de Santillane, vignettes par
Jean Gigoux. *Paris, Dubochet*, 1838, in-8, cart. non rog.

Envoi de Gigoux à son ami Champfleury, souvenir des temps anciens.
A la page 73, l'artiste a dessiné en cul-de-lampe son portrait au crayon pour
remercier M. Champfleury de l'article qu'il lui avait consacré dans son livre des
Vignettes Romantiques.

356. LESAGE. Histoire de Gil Blas, vignettes par Gigoux. *Paris,
Dubochet*, 1839, in-8, br. couv. imp.

357. PERRAULT. Contes précédés d'une notice sur l'auteur par Paul-L. Jacob, bibliophile, ouvrage orné de plus de 170 vignettes dessinées par Tony Johannot, Devéria, Gigoux, Célestin Nanteuil, etc. *Paris, Mame*, 1836, in-8, cart. non rog. couv. imp.

358. PERRAULT. Contes des Temps passés. *Paris, Bertin, s. d.*, in-8, fig., cart.

359. PLEIADE (La), ballades, fabliaux, nouvelles et légendes. *Paris, Baillieu*, 1850, in-12, br. couv. imp.

360. PETIT (Léonce). Les Bonnes Gens de province. *Paris, s. d.*, in-4 obl., caricatures, couv. imp.

    Envoi d'auteur.

361. PETIT (Léonce). La Conversion de M. Gervais. *Paris, Charpentier*, 1881, in-8, fig., br. couv. imp.

    Envoi d'auteur.

362. RACINE. Œuvres complètes, nouvelle édition. *Paris, Furne*, 1829, in-8, vignettes sur Chine, par Devéria, Desenne, etc., reliure à la cathédrale, tr. dor.

363. RÉPERTOIRE DU THÉATRE DE MADAME. Le Mariage de Raison, Michel et Christine, l'Héritière, la Mansarde des Artistes, dessins coloriés par Henry Monnier. *Paris, Baudouin*, 1828, 4 vol. in-18, cart.

364. SAND (George). Légendes rustiques, dessins de Maurice Sand. *Paris, Morel*, 1858, in-4, fig., cart. de l'éditeur.

365. SAND (Maurice). Masques et Bouffons, comédie italienne. *Paris*, 1860, 2 vol. in-8, fig., dem.-rel. mar. rouge tête dor.

366. STAHL. 3 albums, vignettes par Lorenz Frœlich. *Paris, Hetzel, s. d.*, in-8, cart. couv. imp.

Monsieur Toc-Toc. — Cadet Roussel. — Au Clair de la Lune.

367. VOCABULAIRE DES ENFANTS. Dictionnaire pittoresque illustré par un grand nombre de petits dessins, par Daumier, Henry Monnier, etc. *Paris, Aubert*, 1839, in-8, cart. de l'éditeur, tr. dor.

POÉSIES

368. BELLIGÉRA (Fernand). Miettes d'amour. *A Paris, sous la galerie de l'Odéon*, 1857, in-18, eau-forte de Flameng sur Chine, cart. couv. imp.

369. BUCHON (Max). Essais poétiques, vignettes par Gustave Courbet. *Besançon*, 1839, in-12, dem. rel. non rog.

370. CHATILLON (Auguste de). Chant et Poésie, précédés d'une préface par Théophile Gautier. *Paris*, 1855, in-12, br. couv. imp. (*Envoi d'auteur*). — Promenade à l'île Saint-Ouen, Saint-Denis, partant des Batignolles. *Paris*, 1857, in-12, br. couv. imp.

Premières éditions.

371. CHATILLON (Auguste). La Levrette en pal'tot. *S. l. n. d.*, in-8, eaux-fortes, br.

372. COPPÉE. Le Reliquaire, eau-forte de Flameng. *Paris*, 1866, in-12, br. couv. imp.

Première édition, envoi d'auteur.

373. COPPÉE (François). Intimités. *Paris, Lemerre*, 1868, in-12, br. couv. imp. (Première édition). — Les Humbles, troisième édition. *Paris, Lemerre*, 1872, in-12, br. couv. imp.

Envois d'auteur.

374. D'HERVILLY (Ernest). Les Baisers. — Jeph Affagard. *Paris*, 1872, 2 br. in-18, couv. imp.

Envois d'auteur.

375. DIXAINS RÉALISTES; par divers auteurs (Charles Gros, Maurice Rollinat, Nina de Villard, etc.), *s. l.*, *Librairie de l'Eau-Forte*, in-8 obl., eau-forte, br. couv. imp.

376. GLATIGNY (Albert). 4 volumes in-12 et in-18, br. couv. imp. Poésies, 1870. — Rouen 1871. — La Presse nouvelle, 1872. (*Envoi d'auteur*). — L'Illustre Brizacier, drame 1873.

    Premières éditions.

377. GLATIGNY. Les Gendarmes de Canisy, chanson, musique de M. de Beauplan. *A Canisy, chez tous les libraires ; Paris, Imp. Claye*, 1871, in-12, 8 pages non rog.

    Anonyme, non mis dans le commerce. Bouffonnerie composée pour venger l'éditeur Lemerre, inculpé de délit de chasse par la gendarmerie de Canisy.

378. GLATIGNY (Albert). Le Jour de l'an d'un Vagabond, eau-forte de Gill. *Paris, Lemerre*, 1870, in-12, br. couv. imp. — Le Fer rouge, Nouveaux Châtiments. *France et Belgique*, 1870, in-12, frontispice de Rops, br. couv. imp.

    Envoi d'auteur.

379. GLATIGNY (Albert). Le Fer rouge, Nouveaux Châtiments. *France et Belgique*, 1871, in-8, papier de Hollande, frontispice de Rops, en deux états. Dem.-mar. rouge, tête dor., non rog. couv. imp.

    Première édition.

380. GLATIGNY (Albert). Gilles et Pasquins. *Paris*, 1872, in-12, br. couv. imp.

    Première édition, envoi d'auteur.

381. GLATIGNY (Albert). Sa bibliographie précédée d'une notice littéraire, par Jules Claretie. *Paris*, 1875, in-8, portrait, papier vergé, br. couv. imp.

382. GRANDET (Léon). Gul, poème avec une eau-forte de Flameng. *Paris*, 1870, in-12, br. couv. imp.

    Première édition.

383. LECONTE DE LISLE. Homère, Iliade, Odyssée, traduction nouvelle. *Paris, Lemerre*, 1867, 2 vol. in-8, br. couv. imp.

Première édition.

384. LEMOYNE (André). Les Charmeuses, eaux-fortes, de Bellée, Feyen-Perrin et Ed. Lecomte. *Paris, Didot, s. d.*, in-8, cart. non rog. couv. imp.

Envoi d'auteur.

385. MENDÈS (Catulle). Philoméla, avec une eau-forte par Bracquemond. *Paris*, 1863, in-12, br. couv. imp.

Première édition, envoi d'auteur.

386. PARNASSICULET CONTEMPORAIN (Le), recueil de Vers nouveaux, précédé de l'Hôtel du Dragon bleu et orné d'une très étrange eau-forte, deuxième édition. *Paris*, 1872, in-12, papier de couleur, eau-forte en trois états, sur Chine, br. couv. imp.

387. POÈTES FRANÇAIS (Les). Recueil des chefs-d'œuvre de la Poésie française, depuis les origines jusqu'à nos jours, avec une notice littéraire sur chaque poète. *Paris, Gide et Hachette*. 1861, 4 vol. in-8, br. couv. imp.

388. SURVILLE (Clotilde). Poésies, nouvelle édition, publiée par Vanderbourg. *Paris, Nepveu*, 1824, in-8, fig., cart. couv. imp.

389. DIVERS. 8 volumes ou brochures, in-8 et in-12, couv. imp.

Odes funambulesques, par Th. de Banville, 1859. — Poésies posthumes, par Roche, eaux-fortes de Corot, de Bar, Michelin, etc, 1863. — Binettes rimées, texte par Vermesch, dessins par Petit et Régamey. — Fantaisies de jeunesse, par Albert Millaud, avec deux eaux-fortes, 1866. — La Lanterne en vers de couleur, par d'Hervilly, illustrée par Pépin. — Les Tripes, dessin de Morin, 1873. — Les Nuits de l'Échafaud, par Chardon, 1878.—L'Alsacien qui rit, boit, chante et danse, par Leroy, 1880.

ROMANS, CONTES ET NOUVELLES

I.

390. BARBARA (Charles). Histoires émouvantes, 1856. — Mes
Petites-Maisons, 1860. Ensemble 2 vol. in-12, br. couv. imp.
Premières éditions.

391. BRUNO (Jean). Les Misères des Gueux, ouvrage entièrement
illustré par Courbet. *Paris*, 1872, in-8, fig., cart. non rog.

392. CHENNEVIÈRES. Les Derniers Contes de Jean de Falaise, avec
une eau-forte sur Chine, de Jules Buisson. *Paris, P. Malassis*, 1860, in-12, br. couv. imp.

393. CONTEURS AMUSANTS (Les), chefs-d'œuvre des Prosateurs
modernes, extraits des ouvrages de Champfleury, J. Claretie,
A. Daudet, etc., illustrations de Lix, Ed. Morin, etc. *Paris,
Delagrave*, 1888, in-8, br. couv. imp.

394. GONCOURT (Ed. et J. de). Idées et Sensations. *Paris*, 1886,
in-8, br. couv. imp.
Première édition.

395. HALÉVY (Ludovic). Madame et Monsieur Cardinal, 12 vignettes par Ed. Morin. *Paris*, 1872, in-12, br. couv. imp.
Première édition.

396. HALÉVY (Ludovic). Karikari, aquarelle d'après Henriot. *Paris, Conquet*, 1888, in-12, br. couv. imp.

Première édition.

397. HUYSMANS. Marthe, histoire d'une fille, une eau-forte impressionniste de Forain. *Paris*, 1879, in-12, br. couv. imp.

Envoi d'auteur à Duranty.

398. HUYSMANS. Croquis parisiens, eaux-fortes de Forain et Raffaelli. *Paris*, 1880, in-8, br. couv. imp.

Première édition.

399. LEMONNIER (Camille). 8 volumes in-8 et in-12, br. couv. imp.

Salon de Bruxelles, 1863, 1866. — Croquis d'automne, 1870, fig. — Nos Flamands, 1869. — Sedan, troisième édition, s. d. — Salon de Paris, 1870. — Histoire de Gras et de Maigre, deuxième édition, 1874. — Contes Flamands et Wallons. 1874.

Premières éditions, envois d'auteur.

400. MAISTRE (Xavier de). Voyage autour de ma Chambre. *Paris, Dufart*, 1796, in-18, fig., rel. — Le Lépreux de la cité d'Aoste. *Paris, Delaunay*, 1817, in-8, cart.

Premières éditions.

401. MURGER (Henry). Scènes de la Vie de Bohème, quatrième édition, entièrement revue et corrigée. *Paris*, 1852, in-12, cart. non rog.

402. MURGER (Henry). Le Sabot Rouge. *Paris*, 1860, in-12, br. couv. imp.

Première édition, envoi d'auteur.

403. PERRAULT. Mémoires. Contes et autres œuvres, précédés d'une notice par P.-L. Jacob. *Paris, Gosselin*, 1842, in-12, br. couv. imp. — Perrault moraliste, par Bertin. *Paris, Hetzel*, 1863, in-18, br. couv. imp.

404. PRÉVOST (Abbé). Histoire du Chevalier des Grieux et de Manon Lescaut. *Amsterdam, aux dépens de la Compagnie*, 1756, 2 vol. in-12, 8 fig. par Gravelot et Pasquier, v. m.

405. RÉTIF DE LA BRETONNE. La Vie de mon Père. *Neufchâtel*, 1779, 2 vol. in-12, fig. cart.

406. ROUSSEAU (J.-J.). Ses Confessions, première édition complète. *Paris, Poinçot*, an VI, 4 vol. in-12, fig., dem.-rel. tr. dor.

Henry Murger.
Extrait de l'*Almanach Parisien* de 1862.

407. SAINT-PIERRE (B. de). La Chaumière indienne. *Paris, Didot*, 1791, in-18, papier vélin, cart. parch., tr. dor.
Édition originale,

408. THEURIET (André). Raymonde. *Paris, Charpentier*, 1877, in-12, br. couv. imp.
Première édition, envoi d'auteur.

409. VALLÈS (Jules). Les Réfractaires. *Paris*, 1866, in-12, br.
couv. imp.

Première édition, envoi d'auteur.

410. VOLTAIRE. Candide ou l'Optimisme. *Paris, Jouaust*, 1869,
in-8, portrait, papier vergé, br. couv. imp.

411. DIVERS. 16 volumes in-12, v. m.

Le Paysan parvenu, par de Marivaux. *Paris, Musier*, 1764, 8 parties en 3 vol.
— La Vie de Marianne, par de Marivaux. *Paris, Prault*, 1736, 11 parties en 3 vol,
—Mémoires de la Vie du comte de Grammont. *Cologne, Marteau,*1714.—Le Huron.
ou l'Ingénu, par Voltaire. *Lausanne*, 1767. — Amours de Daphnis et Cloé, avec
fig. par un élève de Picart. *Amsterdam*, 1749. — Recueil de pièces détachées,
par Madame Riccobini. *Paris, Humblot*, 1765. — Les Illustres Françaises,
histoires véritables, avec fig. *Amsterdam, Rey*, 1748, 4 vol. — Histoire de
Pierre de Montmaur, par de Sallengre. *La Haye*, 1715, 2 vol.

II.

ROMANS ÉTRANGERS

412. FIELDING. Aventures de Joseph Andrews, et de son ami
Abraham Adams. *Amsterdam, Barthélemy Vlam*, 1775, 2 vol.
in-12, 12 grav., cart.

413. GALLAND. Les Mille et Une Nuits, contes arabes. *Lyon, An-*
toine Briasson, 1709-1719, 12 vol. in-12, v. b.

414. GESSNER. 6 volumes in-12 et in-18.

Idyllen. *Zurich, bei Gessner*, 1756, in-12, frontispice et 10 vignettes dans le
texte gravées à l'eau-forte par Gessner, cart. — Œuvres, s. l. n. d., 3 vol. in-18,
v. m. — Salomon Gessner, traduit de l'Allemand, par Hottinguer. *Zurich*, 1797,
in-12, port. cart. non rog. — Tableaux. Catalogue des Tableaux et des Gravures à
l'eau-forte de Salomon de Gessner. *Paris, Levrault*, an X, in-12, br. non rog. Ce
catalogue dressé par la famille est extrait de la correspondance de Gessner, et
paginé à part.

415. GOETHE. Werther, traduit de l'allemand. *Maestricht, Roux*, 1791, 2 vol. in-12, fig. de Chodowiecki, cart. non rog.

416. GOETHE. Passions du jeune Werther. *Londres*, 1792, in-18, frontispice, cart. — Herman et Dorothée. *Paris et Strasbourg.* 1800, in-18, fig., v. m.

417. GOETHE. 8 volumes in-8 et in-12.

> Goethe et Bettina, correspondance inédite, *Paris*, 1843, 2 vol. in-8, br. non rog. — Goethe et Werther. Lettres inédites. *Paris*, 1855, in-12, br. couv. imp. — Conversations de Goethe. *Paris*, 1863, 2 vol. in-12, br. couv. imp. — Goethe, sa Vie et ses Œuvres, son Époque et ses Contemporains, par Hédouin, 1866, in-12, br. couv. imp. — Les Origines de Werther, par Baschet, 1858. — Entrevue de Napoléon Ier et de Goethe, *Lille*, 1853, in-12, papier rose, portr., cart. non rog.

418. HEURES (Marie d'). Les Trente-Cinq contes d'un Perroquet, ouvrage publié à Calcutta, en persan et en anglais. *Paris*, 1826, in-8, cart. — MARCEL. Les Dix Soirées malheureuses, contes traduits de l'arabe. *Paris*, 1829, 3 vol. in-12, fig., cart.

419. HOFFMANN. Vue d'ensemble de la Vie du Matou Murr, avec des fragments biographiques du Maître de chapelle Johaux Kreisler. *Berlin, Dummler*, 1820, in-12, cart. couv. imp. (En allemand).

> Une couverture ornementée et gravée en bistre par Thiele a dû être conçue d'après les dessins d'Hoffmann. Sur la face supérieure représentation du Chat Murr dans un encadrement de personnages lunatiques, de sphinx se mêlant à des ornements, au revers personnage dans un cercle cabalistique tracé sur le sol d'un riant paysage. Ce personnage grave qui lit et tient d'une main la marotte de la Folie paraît être la symbolisation du conteur.
>
> L'exemplaire porte l'ex-libris de Koreff.
>
> Sur la feuille de garde volante du volume, on lit de la main d'Hoffmann « Cadeau de l'auteur, 9 décembre 1819. »
>
> On sait que le docteur Koreff, qui vint plus tard s'établir à Paris, était un des amis intimes de jeunesse d'Hoffmann.

420. HOFFMANN. Meister Floh. *Francfort, Wilmans*, 1822, in-12, cart. non rog. couv. illustrée.

> Première édition de ce livre qui fut saisi par la police. Les couvertures illustrées, tirées en bistre foncé; maître Floh ou maître Puce est représenté dans un losange entouré de grotesques.

421. HOFFMANN. Fantaisie à la manière de Callot. Feuillets de Carnet d'un voyageur enthousiaste. *Leipzig, Brockaus*, 1825, 2 vol. in-12, portrait d'Hoffmann, br. non rog. (En allemand).

422. HOFFMANN. Hoffmann's Erzählnngen ans seineu latkten Lebensjahean, etc. *Stuttgart*, 1839, 5 vol. in-12, 10 planches sur acier d'après les dessins d'Hoffmann, br. couv. imp.

423. HOFFMANN. Trois Canzonettes, paroles italiennes et allemandes avec accompagnement de pianoforte, composées par Hoffmann. *Berlin, s. d.*, in-4, obl. non rog.

424. HOFFMANN. Documents sur Hoffmann, Chamisso et Sterne.
Notes autographes de Champfleury.

425. RÉMUSAT (Abel). Iu-Kiao-li, ou les Deux Cousines, roman chinois. *Paris, Moutardier*, 1826, 4 vol. in-12, vignettes, br. couv. imp.

426. STERNE. A sentimental journey through France and Italy by Yorick. The second edition in Germany. *Altenburg, Richter*, 1776, 2 vol. in-12. Portrait de Sterne et 4 gravures par Fügen, cart.

427. STERNE. A sentimental journey through France and Italy, by Yorick. *Londres*, 1794, in-12, portrait de Sterne et 5 vignettes sur acier, d'Archer, cart.

428. STERNE. A sentimental journey through France and Italy. *Londres*, 1809, in-12, caricatures de Rowlandson, cart.

429. TRÉBUTIEN. Contes extraits du Thouthi-Nameh, traduits du persan. *Paris*, 1825, in-8, papier vélin, portrait, cart. non rog.
Tiré à 50 exemplaires.

ROMANTIQUES

I

ROMANS, POÉSIE, THÉATRE, etc.

430. ACADÉMIE EBROÏCIENNE. Recueil des pièces de vers insé-
rées au Bulletin de l'Académie Ebroïcienne pendant les
années 1836-1837. *Louviers, Achaintre*, in-8, fig.,cart. non rog.

> Frontispice signé Gabriel Falampin membre correspondant, Chevauchet sculp.
> Autour d'un encadrement original, un ange, une noble dame en costume Renais-
> sance et un chevalier soutiennent les blasons des principales villes de la Basse-
> Normandie.
>
> Un avis imprimé au revers du frontispice porte : « Il n'existe que 16 exemplaires
> de cet ouvrage ».
>
> M. Vacquerie, en sa qualité de membre correspondant de l'Académie Ebroïcienne,
> publia dans ce recueil quelques pièces de vers notamment le *Jugement Dernier*,
> poème en trois chants, qui n'a pas été recueilli jusqu'ici dans ses œuvres.

431. AMARANTE (L'). Causeries du soir, par de Calvimont.
Paris, 1832, in-12, vignette de Henry Monnier, cart.
couv. imp.

432. ANCELOT. Marie de Brabant, poème en six chants. *Paris,
Canel*, 1835, in-4, papier teinté, cart. non rog.

> Première édition.

433. ANNALES ROMANTIQUES, recueil de morceaux choisis de
littérature contemporaine. *Paris, Janet*, 1830, in-18, fig.,
reliure à la cathédrale, tr. dor.

434. ANGLEMONT (Edouard d'). Odes. *Paris, Blosse,* 1825, in-12, vig., cart. couv. imp. — Légendes françaises. Deuxième édition. *Paris, Dureuil,* 1829, in-8, sur le titre, vignette de Devéria, cart. non rog. — Nouvelles Légendes françaises, *Paris, Mame-Delaunay,* 1833, in-8, sur le titre, vignette de Tony Johannot, cart. — Le Duc d'Enghien, histoire-drame. *Paris, Mame-Delaunay,* 1832, in-8, sur le titre, vignette de Tony Johannot, cart.

Premières éditions.

435. ANTIER, F. LEMAITRE et SAINT-AMAND. L'Auberge des Adrets, drame. *Paris,* 1843, in-8, couv. imp. — Robert-Macaire, pièce. *Paris,* 1835, in-8, cart.

436. ARABESQUES (Les). Choix de compositions inédites. *Paris, Renouard,* 1841, 2 parties en un vol. in-8, dem.-rel.

Articles de Roger de Beauvoir, Paul de Musset, Léon Halévy, Alphonse Roger, Esquiros, etc. de la Société des Gens de Lettres.

Vignette de Henry Monnier, gravée par Gérard pour servir d'illustration au Proverbe de Roger de Beauvoir, Le *Criminel d'Etat ou l'on Engraisse les Chapons pour les Tuer.* Cette publication forme suite naturelle aux 3 volumes de *Babel* publiés par le même éditeur sous le même patronage. (Note manuscrite de Champfleury.)

437. ARLINCOURT (Vicomte d'). Le Solitaire, septième édition ornée de vignettes dessinées par Tardieu. *Paris, Béchet,* 1821, 2 vol. in-12, cart.

438. ARLINCOURT (Vicomte d'). Les Rebelles sous Charles V, seconde édition. *Paris, Librairie Encyclopédique,* 1832, six tomes en 3 vol. in-12, trois vignettes de Tony Johannot, demi.-rel.

Lettre autographe de l'auteur, ajoutée.

439. ARLINCOURT (Vicomte d'). Le Nouveau Solitaire, imitation burlesque du Solitaire. *Paris,* 1822, lithographie. — La Fille Tombée des Nues, imitation burlesque de l'Etrangère, par Gilbert, fig. Ensemble 2 vol. in-12, cart.

440. ARVERS (Félix). Mes Heures perdues, poésies, avec une introduction de Théodore de Banville. *Paris, Cinqualbre,* 1878, in-12, papier de Hollande, br. couv. imp.

441. AUDIBERT. Les Papillotes, scènes de tête, de cœur et d'épigastre, par Jean-Louis. *Paris, Souverain,* 1831, in-8, vignette de Forest, cart. non rog.

Première édition.

442. AUGER. Moralités. *Paris, Rignoux,* 1834, 2 vol. in-8, frontispice à l'eau-forte, br. couv. imp.

Première édition.

443. AUTRAN (Joseph). L'An 40, ballades et poésies musicales. *Marseille, Lejourdan,* 1840, in-8, 4 lithographies, par Gariot, cart.

Première édition.

444. BABEL. Publication de la Société des Gens de Lettres. *Paris,* 1840, 3 vol. in-8, br. couv. imp.

Articles de Victor Hugo, Balzac, H. Monnier, Alex. Dumas, Auguste Barbier, Méry, etc.
Trois vignettes hors page, cinq dans le texte, par Henry Monnier, gravées par Gérard.

445. BALZAC. 4 brochures in-8 et in-12.

Préface du Vicaire des Ardennes, 1822. — Prospectus du Rénovateur, 1832.— Lettres inédites à M. Fontémoing, 1843. — Complaintes satiriques sur les mœurs du temps présent. (*Ext. de la Revue de Paris.*)

446. BALZAC. Code du Commis-Voyageur. *Paris, chez l'éditeur,* 1830, in-18, figure coloriée d'Henry Monnier, br. couv. imp.

Première édition.

447. BALZAC. Nouveaux Contes philosophiques. *Paris, Gosselin,* 1832, in-8, vignette de Tony Johannot, cart. non rog.

Première édition.

448. BALZAC. Romans et Contes philosophiques, troisième édition. *Paris, Gosselin*, 1832, Trois vignettes sur Chine de Tony Johannot, br. couv. imp.

449. BALZAC. Le Médecin de Campagne, troisième édition, soigneusement corrigée. *Paris, Werdet*, 1836, 2 vol. in-8, cart. non rog.

450. BALZAC. Physiologie du Mariage. *Paris, Charpentier*, 1838, in-12, br. couv. imp.

> Première édition, in-12.

451. BALZAC. Histoire de la Grandeur et de la Décadence de César Birotteau. *Paris, chez l'éditeur*, 1838, 2 vol. in-8, non rog.

> Première édition. A la suite et faisant corps avec l'ouvrage: *Malheurs et Aventures de César Birotteau avant sa naissance*, très spirituel article d'Édouard Ourliac sur les manuscrits de Balzac et les tracas que spécialement celui-ci occasionne au *Figaro* qui la donnait en prime.

452. BALZAC. Béatrix ou les Amours forcés. *Paris, Souverain*, 1840, 2 vol. in-8, cart. non rog.

> Première édition.

453. BALZAC et FRÉMY. Physiologie du Rentier de Paris et de Province, dessins par Gavarni, Henry Monnier, Daumier et Meissonnier, *Paris, Martinon*, 1841, in-18, br. couv. imp. — Notes remises à MM. les Députés composant la Commission de la loi sur la Propriété littéraire. *Paris, Hetzel*, 1841, br. in-8, couv. imp.

454. BALZAC. Les Ressources de Quinola, comédie. *Paris, Souverain*, 1841, in-8, dem.-rel. mar. citron, tr. jas. couv. imp.

> Première édition, envoi d'auteur à Laurent Jan.

455. BALZAC. David Séchard. *Paris, Dumont*, 1842, 2 vol, in-8, cart. non rog. couv. imp.

> Première édition.

456. BALZAC. Histoire de l'Empereur, racontée dans une grange, vignettes par Lorentz. *Paris, Dubochet,* 1842, in-18, cart. couv. imp.

     Première édition.

457. BALZAC. La Dernière Incarnation de Vautrin. *Paris, Chlen-dowski,* 1848, 3 vol. in-8, br. non rog.

     Première édition.

458. BALZAC. Mercadet, comédie en 3 actes. *Paris, à la Librairie Théâtrale,* 1851, in-12, br. couv. imp.

     Première édition.

459. BALZAC, Le Faiseur, comédie en 5 actes, entièrement conforme au manuscrit de l'auteur. *Paris, Cadot,* 1853, in-12, br. couv. imp.

     Première édition.

460. BALZAC. Œuvres diverses, *Paris, Michel-Lévy,* 1870, 4 vol. in-8, br. couv. imp.

461. BAUCHERY (Roland). La Fille d'une Fille, deuxième édition. *Paris, Roux,* 1836, in-8, eau-forte-frontispice, signée Goglet, cart. — BEAUCHESNE (A. de). Souvenirs poétiques, troisième édition, revue, corrigée et augmentée d'un livre nouveau. *Paris, Guyot,* 1834, in-8, sur le titre vignette de Tony Johannot, cart. non rog.

462. BEAUVOIR (Roger de). L'Écolier de Cluny, ou le So-phisme. *Paris, Fournier,* 1832, in-8, 2 vignettes de Tony Johannot, br. couv. imp.

     Première édition.

463. BEAUVOIR (Roger de). L'Écolier de Cluny, deuxième édi-tion, *Paris, Fournier,* 1832, 2 vol. in-12, 1 vignette de Tony Johannot et 1 vignette de Menut, cart.

464. BEAUVOIR (Roger de). Il Pulcinella ou l'Homme des Madones. *Paris, Ledoux*, 1834, in-8, frontispice, cart. non rog.
Première édition.

465. BEAUVOIR (Roger de). La Cape et l'Épée. *Paris, Suau de Varennes*, 1837, in-8, eau-forte de Célestin Nanteuil, cart. *Cachet sur le titre.*
Première édition.

Vignette de Tony Johannot.
pour l'*Ecolier de Cluny,* de Roger de Beauvoir (1832).

466. BEAUVOIR (Roger de). Le Chevalier de Saint-Georges, deuxième édition, avec de nouvelles notes de l'auteur. *Paris, Delloye*, 1840, 4 vol. in-12, br. couv. imp.
Exemplaire sur papier jaune.
Le premier volume a pour frontispice un portrait de St-Georges gravé sur acier. Trois gravures sur acier avant toutes lettres, représentant des scènes du roman, sont jointes à chacun des volumes. Le tome 1er est précédé d'une notice sur Roger de Beauvoir par Félicien Mallefille.
Feuillet ajouté d'un autre exemplaire de la même édition avec quatrain autographe inédit.

467. Béraud (Antony) et Merle. Le Monstre et le Magicien, mélodrame-féerie. *Paris, Bezou*, 1826, in-8, lithographie, cart. non rog. — Berrier (Constant). Françoise de Rimini, tragédie. *Paris, Delaforest*, 1825, in-8, lithographie, cart. non rog. couv. imp.

Premières éditions.

468. Berthoud (Henry). Chroniques et Traditions surnaturelles de la Flandre. *Paris, Werdet*, 1831-1834, 2 vol., in-8, vig. de Tony Johannot, cart.

Première édition.

469. Bertrand (Léon). Olivier Cromwell, drame historique. *Paris, Tresse*, 1841, in-8, fig., cart. non rog. couv. imp.

Première édition.

470. Bida (Alexandre). Nouvelle et Poésies, 3 vignettes de Bida. *Toulouse, Revue du Midi*, avril et mai 1835, in-8, cart. non rog.

471. Bignan. Mélodies françaises. *Paris, Béchet*, 1833, 2 tomes in-12, deux vignettes sur Chine, de Sainson, en 1 vol., dem.-rel.

Première édition.

472. Bonnelier (Hippolyte). Nostradamus. *Paris, Ledoux*, 1833, 2 vol. in-8, 2 eaux-fortes de Boisselat, cart.

Première édition.

473. Borel (Pétrus). Rapsodies. *Bruxelles*, 1868, in-12, fig., fac-similé, br. couv. imp. — Madame Putiphar, seconde édition, préface par Jules Claretie. *Paris, Willem*, 1877, 2 vol. in-8, vignettes, br. couv. imp.

474. Boulgarin. Archippe Thaddeevitch ou l'Ermite russe. *Paris, Bossange*, 1828, 2 vol. in-12, vignettes sur Chine de Tony Johannot, v. éc. — Bounin. Poésies et Poèmes. *Paris, Renduel*, 1832, in-8, frontispice cart., non rog. couv. imp.

6

475. BOURGEOIS (Anicet) et LOCKROY. Périnet Leclerc ou Paris
en 1418, drame, seconde édition. *Paris, Barba*, 1832, in-8,
lithographie de Bonhommé, cart. — La Vénitienne, drame.
Paris, Barba, 1834, in-8, lithographie, par J. Arago, cart.
Première édition.

476. BRILLAT-SAVARIN. Physiologie du Goût, troisième édition.
Paris, Sautelet, 1829, 2 vol. in-8, 2 vignettes de Henry Monnier, dem.-rel.

477. BROT (Alphonse). Ainsi soit-il, histoire du cœur. *Paris,
Souverain*, 1833, in-8, frontispice sur Chine, lithographié à la
plume par Châtillon, cart. non rog.
Première édition.

478. BROT (Alphonse). La Tour de Londres. *Paris, Labot*, 1835,
2 vol. in-8, 2 eaux-fortes par Edouard May, cart.
Première édition. Préface importante, qui dévoile suffisamment les tendances
de l'auteur.

479. BURAT DE GURGY. Le Lit de Camp, scènes de la vie mili-
taire, deuxième édition. *Paris, Souverain*, 1832, 3 vol. in-8,
3 vignettes de Tony Johannot, dem.-rel. — Paillasse, épisode
de carnaval. *Paris, Breaullé*, 1834, in-8, cart. non rog.
couv.
Première édition.

480. CABANON (Emile). Un Roman pour les Cuisinières. *Paris,
Renduel*, 1834, in-8, frontispice lithographié à la plume par
Camille Rogier, cart. *Cachet sur le titre.*
Première édition.

481. CASSAGNAUX. Le Pénitent. *Amiens, Boudon*, 1833, 2 vol.
in-8, 2 vignettes par Levasseur et Tellier, cart. — Baltassar,
Paris et Amiens, 1835, in-12, cart. non rog. couv. imp.
Premières éditions.

482. CASTIL-BLAZE. La Danse et les Ballets. *Paris, Paulin,*
1832, in-12, vignettes sur Chine par Gigoux, cart. non rog.

483. CHABOT DE BOUIN. Elie Tobias. *Paris, Allardin,* 1834, 2
vol. in-8, 2 vignettes sur Chine volant de Jules David, br.
couv. imp.

Première édition.

Vignette de Camille Rogier.
Frontispice d'Un Roman pour les cuisinières, d'Emile Cabanon (1834).

484. CHARLET (Omer). Coups de Pinceaux. *Paris, Béchet,* 1833,
in-8, eau-forte de Lallement, d'après le portrait de Ducornet
né sans bras, dessiné par lui-même, cart. non rog. couv. imp.
— CHASLES (Philarète). La Fiancée de Bénarès, nuits in-
diennes. *Paris, Canel,* 1825, in-18, vignettes de Devéria,
dem.-rel.

485. CHAUDESAIGUES (Jacques). Le Bord de la Coupe. *Paris,*
Werdet, 1835, in-18, frontispice de Célestin Nanteuil, gravé
sur bois par Belhatte, mar. vert Janséniste, chiffre au dos et
sur les plats de la reliure, tr. rouge.

> Première édition.

486. CHAUMIER (Siméon). Les Dithyrambes. *Paris, Le Gallois,*
1840, in-8, portrait lithographié par Aimé de Bayados, dem.-
rel.

> Première édition.

487. CHOQUART et GUÉNOT. Le Corridor du Puits de l'Ermite.
Contes de Sainte-Pélagie. *Paris, Dupont,* 1833, in-8, vignettes de Devéria, cart. non rog. couv. imp.

> Première édition.

488. COQUATRIX. Italie, drame. *Paris, Tessier,* eau-forte de
G. Morin, cart. non rog.

> Première édition.

489. CORNILLE (Henri). Souvenirs d'Espagne. *Paris, Bertrand,*
1836, 2 vol. in-8, 7 eaux-fortes dont un frontispice par Paul
Vasseur, dem.-rel.

> Première édition.

490. DARGAUD. Solitude. *Paris, Paulin,* 1833, in-8, sur le titre
vignette de Tellier, br. non rog.

> Première édition.

491. DAVIN (Félix). Le Crapaud, roman espagnol. *Paris, Mame,*
1833, 2 vol, in-8, sur le titre, vignette de Becœur, cart.

> Première édition.

492. DECAMPS (Alexandre). Le Musée, revue du Salon de 1834.
Paris, 1834, in-4, eaux-fortes par Eugène Delacroix, Célestin Nanteuil, Auguste Bouquet, etc., cart.

493. DE LA BESGE (Mme). Brises du Soir, poésies. *Paris, Gosselin*, 1835, in-8, frontispice lithographié par De Rudder, br. — DELÉCLUZE. La Première Communion. *Paris, Gosselin*, 1836, in-12, vignettes sur Chine d'Alfred Johannot, cart. non rog. couv. imp.

> Premières éditions.

494. DESBORDES-VALMORE (Mme). Poésies. *Paris, François Louis*, 1820, in-8, fig., cart. — Poésies. *Paris, Bouillaud*, 1830, 2 vol. in-8, fig. sur Chine d'Henry Monnier, Tony Johannot, Devéria, cart. non rog.

> Premières éditions. — Le faux-titre dessiné par Henry Monnier et gravé par Andrew, porte Œuvre de Mme Desbordes-Valmore, il est répété à chacun des volumes. Sur les titres petite vignette d'Henry Monnier. Le 1er volume comprend deux vignettes hors texte, une de Tony Johannot gravée sur acier par Durand ; le deuxième volume est orné de deux vignettes hors texte, l'une gravée par Frilley, l'autre de Henry Monnier, gravée sur acier par Frilley. Les principales pièces du recueil sont terminées par de petites vignettes sur bois non signées dues au crayon d'Henry Monnier.

495. DESJARDINS. Première Babylone. Sémiramis la Grande. *Paris, Guillaumin*, 1834, in-8, vignettes dans le texte, br. couv. imp.

496. DESNOYERS (Louis). Les Aventures de Jean-Paul Choppart, édition complète, augmentée de nouveaux chapitres, ornée de cinq gravures de Fauchery et du portrait de Jean-Paul Choppart. *Paris, Allardin*, 1834, 2 vol. in-12, cart.

497. DIAMANT A DIX FACETTES (Un), par F. Soulié, P. de Kock, R. de Beauvoir, etc., orné de portraits de F. Soulié et de P. de Kock, dessinés et gravés sur acier par Célestin Nanteuil. *Paris, Dumont*, 1838, 2 vol. in-8, cart. non rog.

498. DITTMER et CAVÉ. Les Soirées de Neuilly, esquisses dramatiques et historiques par M. de Forgeray, ornées du portrait

de l'éditeur et d'un fac-similé de son écriture. *Paris, Moutardier*, 1827, in-8, lithographie d'Henry Monnier, cart. non rog. couv. imp.

Première édition.

499. DITTMER et CAVÉ. Les Soirées de Neuilly, etc., quatrième édition. *Paris, Moutardier*, 1828, 2 vol. in-8, lithographie à la plume par Henry Monnier, cart. non rog.

500. DOLLÉ (Frédéric). Histoire d'une Promenade en Suisse et en France. *Paris, Gosselin*, 1837, in-8, vignette sur Chine d'Alfred Johannot, dem.-rel.

Première édition.

501. D'ORTIGUE (Joseph). Le Balcon de l'Opéra. *Paris, Renduel*, 1833, in-8, non rog.

Première édition, manque la vignette.

502. DROUINEAU (Gustave). Résignée, quatrième édition revue et corrigée. *Paris*, 1836, 2 vol. in-8, 2 vignettes de Tony Johannot, cart. (cachets).

503. DUMAS (Alexandre). Angèle, drame. *Paris, Charpentier*, 1834, in-8, eau-forte de Célestin Nanteuil, cart.

Première édition, envoi d'auteur.

504. DUMAS (Alex.). Chroniques de France. Isabel de Bavière, *Paris, Dumont*, 1835. 2 vol. in-8, cart. non rog. couv. imp.

Première édition. En tête de la première page, à l'intérieur de chaque volume, vignettes sur bois dans le texte, l'une signée Paul Huet.

505. DUMAS (Alexandre). Impressions de Voyage. *Paris, Gosselin*, 1837, 2 vol. in-8, frontispice à l'eau-forte de Célestin Nanteuil, répété à chaque volume, mais en états différents, cart.

Première édition.

506. ETRENNES PITTORESQUES. Contes et Nouvelles, par
P.-L. Jacob, Alex. Decamps, etc., ornés de vignettes. *Paris*,
1835, in-12, frontispice à l'eau-forte de Célestin Nanteuil, rel.

507. EYMERY DE SAINTES. Le Vendéen, épisode de 1793,
seconde édition. *Paris, Moutardier*, 1832, 2 vol. in-8, vignettes de Tony Johannot, sur papier de couleur, cart. non
rog.

508. FLEURY (Arthur). Jean Galéas, duc de Milan, drame poéti-
que. *Paris, Roux*, 1835, in-8, frontispice à l'eau-forte de
Salmon, cart. non rog. couv. imp.

509. FONTANEY. Ballades, mélodies et poésies diverses. *Paris,*
Hayet, 1820, in-12, br. couv. imp.

> Première édition, envoi d'auteur.

510. FORNERET (Xavier). Deux Destinées, drame. *Paris, Barba*,
1834, in-8, frontispice sur Chine volant de Tony Johannot,
cart. non rog. couv. imp. — Mère et Fille, drame. *Paris*,
1855, in-12, cart. non rog. couv. imp. — Encore un an de
sans titre, par un homme noir, blanc de visage. *Paris, Duver-*
ger, 1840, in-8, portrait, cart.

> Premières éditions. Avant M. Barbey d'Aurevilly, Xavier Forneret fut le
> représentant le plus éclatant du romantisme en province.

511. FOUCHER (Paul). Saynètes. *Paris, Béchet*, 1831, in-8, sur
le titre, vignette de Tony Johannot, cart. non rog.

> Première édition.

512. FRESSE-MONVAL. L'Orphelin et l'Usurpateur. *Paris, Hivert*,
1834, 2 vol. in-8, vignettes de J.-M. Fontaine, cart. (cachets).

> Première édition.

513. GAUTIER (Théophile). La Comédie de la Mort. *Paris*,
Desessart, 1838, in-8, frontispice de Louis Boulanger, dem.-
rel. de l'époque signée Schillings.

> Première édition, envoi d'auteur à Alphonse Karr, témoignage d'amitié.

514. GAUTIER (Th.). Fortunio, nouvelle édition revue par l'auteur. *Paris, Delloye*, 1842, in-12, vignette, frontispice gravée sur acier, dem.-rel.

> D'après des catalogues de librairie, « le frontispice à l'eau-forte est de Th. Gautier, il renferme son portrait.
>
> Théophile Gautier a peut-être donné l'idée ou fourni un croquis de la composition, mais le groupement des personnages, l'habileté du paysage donneraient plutôt à croire qu'Henry Baron et Daubigny, qui prêtaient leur concours aux publications de la librairie Delloye, s'associèrent pour dessiner ce frontispice » (Note de Champfleury).

515. GIRARDIN (Mme Emile de). Le Lorgnon. *Paris, Levavasseur*, 1832, in-8, vignette de Gavarni sur le titre, cart. non rog. couv. imp.

> Première édition.

516. GOSSE (Etienne). Histoire des Bêtes parlantes, depuis 89 jusqu'à 124. *Paris, Delaforest*, 1828, in-8, 2 gravures en couleur par Henry Monnier, cart.

517. GRANDVILLE. Aux Etudiants en Droit, épitre en vers, par un jeune avocat, deuxième édition, ornée d'une vignette de Grandville. *Paris*, 1837, in-8, cart. non rog. couv. imp.

> La vignette représentant un Examen à l'École de Droit, est la plus rare de l'œuvre de Grandville.

518. GUIRAUD. Césaire, Révélations. *Paris, Levavasseur*, 1830, 2 vol. in-8, sur le titre, vignette d'Henry Monnier, cart. non rog. — HAIN (Victor-Armand). A la Nation sur Alger. *Paris, chez les Marchands de nouveautés*, 1832, in-8, vignette de Tellier, cart. non rog.

> Premières éditions.

519. HAURÉAU. La Montagne, notices historiques et philosophiques sur les principaux membres de la Montagne, avec leurs portraits gravés à l'eau-forte par Jeanron. *Paris, Bréauté*, 1834, in-8, cart. non rog. couv. imp.

> Exemplaire absolument complet des quatorze portraits. Tous ces portraits sont avec la lettre, excepté celui de Camille Desmoulins qui est avant la lettre.

520. HOFFMANN. Œuvres complètes, traduites de l'allemand, par Loève Veymars. *Paris, Renduel*, 1830-1833, 20 vol. in-12, vignettes de Tony Johannot, not. cart., non rog. couv. imp.

Les tomes 6 et 20 sont rognés. Manquent les couvertures aux volumes 13 et 15.

Fac-similé d'un frontispice de Ziegler
pour les Œuvres d'Hoffmann (1830)

521. HOFFMANN. Aux Enfants. Contes. *Paris, Renduel*, 1832, in-12, frontispice, v. m.

Première édition.

522. HOFFMANN. Contes fantastiques, traduction nouvelle, par Henry Egmont. *Paris, Camuzeaux*, 1836, 4 vol. in-8, vignettes de Camille Rogier, cart.

523. HOFFMANN. Contes, traduction nouvelle de Toussenel. *Paris, Pougin*, 1838, 2 vol. in-8, 8 vignettes, par Champion, cart. non. rog.

524. HOFFMANN. Contes mystérieux, traduits de l'allemand, par E. de la Bédollière. *Paris, Barba*, 1838, 4 vol. in-12, cart. non rog.

525. HOFFMANN. Contes faisant pas partie de ses dernières œuvres, traduits pour la première fois par Degeorge, *Lyon*, 1848. in-8, cart. non rog.

Note autographe de Champfleury.

526. HOFFMANN. Œuvres. Contes fantastiques. *Paris, Garnier*, 1843. — Contes fantastiques. *Paris, Charpentier*, 1852. Ensemble, 3 vol. in-12, br. couv. imp.

527. HOUSSAYE (Arsène). De Profundis. *Paris, Lecointe*, 1834, frontispice gravé à la manière noire, dem.-rel.

Première édition.

528. HOUSSAYE (Arsène). La Couronne de Bluets. *Paris, Souverain*, 1836, in-8, frontispice à l'eau-forte, par Théophile Gautier, cart. *Cachet sur le titre.*

Première édition.

529. HUGO (Victor). Odes et Ballades, quatrième édition. *Paris, Bossange*, 1828, 2 vol. in-8, 4 gravures d'après Louis Boulanger, dem.-rel.

530. HUGO (Victor). Les Orientales. *Paris, Gosselin*, 1829, in-8, frontispice gravé sur acier par Cousin, vignette sur le titre par Louis Boulanger, dem.-rel.

Première édition.

531. HUGO (Victor). Le Dernier Jour d'un Condamné, troisième
édition, *Paris*, *Gosselin*, 1829, in-12, cart. non rog.
couv. imp.

> Manque le titre.

532. HUGO (Victor). Les Feuilles d'Automne, seconde édition.
Paris, *Renduel*, 1832, in-8, sur le titre vignette de Tony
Johannot, dem.-rel.

533. HUGO (Victor), Notre-Dame de Paris, septième édition.
Paris, *Gosselin*, 1832, 4 vol. in-12, 4 vignettes de Tony
Johannot, cart.

534. HUGO (Victor). Hans of Iceland, avec 4 eaux-fortes du
célèbre G. Cruikshank. *Londres*, 1825, in-12, cart. non rog.

535. JANIN (Jules). La Confession. *Paris*, *Mesnier*, 1830,
2 tomes in-12, eau-forte d'Alfred Johannot, en 1 vol.
dem.-rel. non rog., avec fers de l'époque.

> Première édition.

536. JANIN (Jules). L'Ane mort et la Femme guillotinée, deuxième
édition. *Paris*, *Delangle*, 1830, in-12, frontispice et titre par
Alfred Johannot, dem.-rel. — Le même, sixième édition.
Paris, *Delloye*, 1841. in-12, vignette, cart. non rog. couv.
imp. (*Envoi d'auteur*). — Le Gâteau des Rois, symphonie
fantastique. *Paris*, *Amyot*, 1847, in-12, sur la couverture.
vignette de Génot, br. couv. imp.

> Première édition.

537. JANIN (Jules). Debureau. Histoire du Théâtre à Quatre Sous.
Paris, *Gosselin*, 1833, 2 vol. in-12, vignettes sur bois et dans
le texte, par A. Bouquet, Chenavard et Tony Johannot, cart.
couv. imp.

538. KARR (Alphonse). Sous les Tilleuls, seconde édition. *Paris, Gosselin*, 1832, 2 vol. in-8, vignettes de Tony Johannot, cart. non rog.

539. KARR (Alphonse). Une Heure trop tard, seconde édition. *Paris, Gosselin*, 1833, 2 vol. in-8, frontispices sur Chine, de Tony Johannot, cart.

Vignette de Tony Johannot
pour sous les Tilleuls, d'Alphonse Karr (1832)

540. KEEPSAKE LYRIQUE, Recueil de 12 romances, chansonnettes, etc., orné de 12 dessins lithographiés, par Isabey, Charlet, Bellangé, Devéria, etc. *Paris, Leduc, s. d.*, in-8, obl. cart.

Manquent deux gravures.

541. LEBASSU (Joséphine). La Saint-Simonienne. *Paris, Tenré*, 1833, in-8, vignette frontispice, cart. non rog. — LANGLOIS. Hymne à la Cloche. *Rouen*, 1832, in-8, frontispice de Langlois, br. couv. imp.

542. LACROIX (Paul). Soirées de Walters-Scott à Paris, deuxième
édition. *Paris, Renduel,* 1829, 2 vol. in-8, frontispice gravé
sur bois, dem.-rel.

543. LACROIX (Paul). La Danse Macabre, seconde édition. *Paris,*
Renduel, 1832, in-8, sur le titre, vignette par Tony Johannot,
cart. non rog. couv. imp.

544. LAMARTINE. Harmonies poétiques et religieuses, quatrième
édition, *Paris, Gosselin,* 1830, 2 vol. in-8, sur le titre deux
vignettes de Tony et Alfred Johannot, plus, sur la couverture,
autre vignette de Tony Johannot, br. couv. imp.

  Manque le faux-titre au tome 1er.

545. LANGLÉ (Ferd.). Les Contes du Gay sçavoir, ballades, fabliaux et traditions du moyen-âge et ornés de vignettes et
fleurons imités des manuscrits originaux, par Bonington et
Henry Monnier. *Imprimé par F. Didot, pour Lami Denozan.*
s. d., in-8, cart.

546. LATOUCHE (H. de). Olivier Brusson. *Paris, Boulland,* 1823,
2 vol. in-12, cart non rog., couv. imp.

  Première édition.

547. LATOUCHE (Henry de). La Reine d'Espagne, drame. *Paris.*
Levavasseur, 1831, in-8, portrait lithographié de Monrose,
costume de Paquita ajouté, cart.

  Première édition.

548. LAVIRON (Gabriel). Le Salon de 1834, 12 lithographies
hors texte par et d'après Decamps, Gigoux, Tony Johannot,
Préault, Roqueplan, etc. *Paris, Janet,* in-8, cart. non rog.

549. LEMESLE (Charles). Chansons. *Paris, Béchet,* 1832, in-12,
vignette frontispice de Tony Johannot, gravée par Porret,
cart.

  Première édition.

550. Lewis. Le Moine, traduction par Léon de Wailly. *Paris,
Delloye,* 1840, 2 vol. in-12, eaux-fortes, par Trimolet, cart.

551. Leynadier (Camille). Les Gitanos. *Paris, Desrez,* 1835,
in-8, vignette, gravée par Brown, br. non rog.

Première édition.

552. Loève-Veymars, Vanderburgh et Romieu. Scènes con-
temporaines, laissées par Mme la vicomtesse de Chamilly,
deuxième édition. *Paris, Canel,* 1828, 2 vol. in-8, deux vignettes coloriées d'Henry Monnier, cart.

553. Lottin de Laval. Les Truands et Enguerand de Marigny,
seconde édition. *Paris, Souverain,* 1833, 3 vol. in-12, cart.
non rog. *(cachets).*

Le premier volume a pour frontispice une eau-forte non signée ; le deuxième
un dessin d'Eugène Forest, gravé sur bois par Cherrier ; le troisième volume est
orné d'une eau-forte de Benjamin Roubaud, le caricaturiste du *Charivari.* Benjamin Roubaud est digne de tenir sa place à côté de Célestin Nanteuil, des Tonny
Johannot et des Gigoux. L'eau-forte non signée du premier volume, doit être
également de B. Roubaud. Cette édition des *Truands,* que possèdent seuls les
amateurs d'ouvrages romantiques, est fort rare (*Intermédiaire,* 10 janvier 1876).

554. Lottin de Laval. Marie de Médicis. *Paris, Dupont,* 1834.
2 vol. in-8, deux vignettes sur Chine volant de Jules David,
br. couv. imp.

Première édition.

555. Lubize. Le Commis et la Grande Dame. *Paris,* 1834, in-32,
eau-forte, cart. non rog. couv. imp.

Première édition.

556. Mame (Clémentine). Deux Époques par l'auteur du Manoir
de Beaugency. *Paris, Mame-Delaunay,* 1833, in-8, frontispice de Tony Johannot, dem.-rel, première édition. — Man-
sion. Montchas-y-Tchicas, épisode de terre et de mer,
deuxième édition. *Paris, Denain,* 1833, in-8, vignette,
dem.-rel. non rog.

557. MANZONI (Alexandre). Le comte de Carmagnola et Adelghis, tragédies, traduites par Fauriel. *Paris, Bossange.* 1834, in-8, sur le titre vignette d'Henry Monnier, cart. — MARIN (Scipion). Histoire de la Vie et des Ouvrages de M. de Chateaubriand. *Paris, Vimont,* 1832, 2 vol. in-8, sur le titre deux vignettes de Tony Johannot, br. non rog.

558. MARTIN (Henry). La Vieille Fronde. *Paris, Béchet,* 1832, in-8, sur le titre vignette de Tony Johannot, cart.
Première édition.

559. MASSON (Michel). Le Puritain de Seine-et-Marne, deuxième édition. *Paris, Dupuy,* 1832, in-8, vignette de Samson, cart. — Le Maçon, nouvelle édition. *Paris, Delloye,* 1840, 2 vol. in-12, deux vignettes à l'eau-forte par Trimolet, cart. non rog. couv. imp.

560. MAURICE (Justin). Au Pied de la Croix. *Paris, Vaton,* 1835, in-8, sur le titre vignette de Gavarni, cart. — MÉRY. Les Forçats (*Ext. de la Revue de Paris*). 1835, in-8, 2 vignettes de Henry Monnier, cart.

561. MÉRIMÉE. La Guzla, choix de poésies illyriques. *Paris, Leverault,* 1827, in-12, fig., cart. non rog. couv. imp.
Première édition.

562. MÉRIMÉE. Nouvelles. *Paris, Michel Lévy,* 1852, in-12, br. couv. imp.
Première édition.

563. MÉRIMÉE. La Chambre bleue, nouvelle dédiée à Mᵐᵉ de la Rhune. *Bruxelles,* 1872, in-8, eau-forte sur le titre, br. couv. imp.
Première édition.

564. MICHEL (Francisque). Job ou les Pastoureaux. *Paris, Vimont,* 1832, in-8, frontispice gravé à la manière noire, cart. non rog.

565. MONDO (Dominique). La Mort d'un Roi. *Paris, Lachapelle,* 1838, 2 vol. in-8, lithographies par Gellé, titre orné par Théodore Henry, cart.

Première édition.

566. MONTARAN (baronne de). Fragments. Naples et Venise. *Paris, Jules Laisné,* 1836, in-8, cinq dessins lithographiés, par Gudin et Isabey, br. couv. imp.

Première édition.

567. MOREAU (Mlle Élise). Rêves d'une jeune Fille. *Paris, Rolland,* 1837, in-8, vignette sur Chine, cart. non rog. couv. imp.

Première édition.

568. MUSSET (Alfred de). Un Rêve, ballade, avec notice bibliographique, suivie d'une notice des portraits du poète. *Paris, Rouquette,* 1875, in-8, papier vergé, br. couv. imp. — Un Caprice, proverbe. *(Ext. de la Revue des Deux-Mondes.)*

569. MUSSET (Alfred de). L'Anglais mangeur d'Opium, traduit de l'anglais et augmenté, avec une notice par Arthur Heulhard. *Paris, Le Moniteur du Bibliophile,* 1878, in-4, cart. non rog.

570. NERVAL (Gérard de). Poésies allemandes, Goëthe, Schiller, etc, morceaux choisis traduits par Gérard, *Paris, Bureau de la Bibliothèque choisie,* 1830, in-18, br. couv. imp.

Première édition.

571. NERVAL (Gérard de). Faust, tragédie de Goëthe, nouvelle traduction, deuxième édition, *Paris, Dondey-Dupré,* 1835, in-12, fig., dem. rel. couv. imp.

Envoi d'auteur.

572. NERVAL (Gérard de). Lorelly, Souvenirs d'Allemagne, *Paris, Giraud,* 1852, in-12, frontispice, cart. non rog. couv. imp.

Première édition, envoi d'auteur.

573. NERVAL (Gérard de). Les Filles du Feu, Nouvelles, *Paris, Giraud*, 1854, in-12, br. couv. imp.

Première édition.

574. NODIER (Charles). Histoire du Roi de Bohême et de ses Sept Châteaux. *Paris, Delangle*, 1830, in-8, dans le texte vignettes de Tony Johannot, dem. rel.

575. NODIER-MÉNESSIER (Marie). Le Perce-Neige, choix de poésies modernes. *Paris, Heideloff*, 1835, in-18, frontispice à l'eau-forte, vignette sur acier sur le titre gravé, cart.

Entr'autres morceaux curieux, ce volume contient des Poésies des Peintres romantiques de Louis Boulanger et Eugène Devéria.

576. OLIVIER et TANNEGUY. Polichinelle, drame, illustré par Cruiksanck. *Paris*, 1836, in-12, cart. de l'éditeur, couv. imp.

577. PASTORET. Raoul de Pellevé. Esquisses du temps de la Ligue. — *Paris, Renduel*, 1834, 2 vol. in-8, eaux-fortes de Boisselat, dem.-rel. — PAVIE (Théodore). Choix de Contes et Nouvelles, traduits du chinois. *Paris*, 1839, in-8, cart. couv. imp. — Blanche et Bleue, roman chinois, traduit, par Julien. *Paris*, 1835, in-8, cart.

578. PEYTEL. Physiologie de la Poire, par Louis Benoit, jardinier, deuxième édition. *Paris*, 1832, in-8, sur la couverture vignette de Grandville, cart. couv. impr.

579. PHYSIOLOGIE du Célibataire et de la Vieille Fille, par Couailhac, illustrations d'Henry Monnier. *Paris*, 1841. — Physiologie du Robert-Macaire, par Rousseau, vignettes de Daumier, *Paris*, 1842. Ensemble 2 vol. in-18, cart. couv. imp.

580. PICTET (Adolphe). Une Course à Chamounix, conte fantastique. *Paris, Duprat*, 1838, in-12, vignettes de Tony Johannot, plus fac-similé d'un dessin de Mme Sand, cart. couv. imp.

Première édition.

581. PLANCHE (Gustave). Salon de 1831. *Paris, Fournier*, 1831, in-8, vignettes d'après Eugène Delacroix, Tony Johannot, Isabey, Barye, etc., cart.

La Liberté d'Eugène Delacroix
Vignette du *Salon de 1831*, de Gustave Planche.

582. POITEVIN (Prosper). Ali-Pacha et Vasiliki, poème, seconde édition. *Paris, Mesnier*, 1833, in-8, frontispice lithographié de Monvoisin, cart. non rog. couv. imp. — PONS. Un mauvais Ménage, scènes de la vie intérieure, *Paris, Souverain*, 1833, 2 vol. in-8, vignettes de Lécurieux, cart.

Première édition.

583. POUJOULAT (Benjamin). La Bédouine, deuxième édition. *Paris, Pougin*, 1835, 2 vol. in-12, eaux-fortes de Célestin Nanteuil, br. couv. imp.

584. Pourret des Gauds. Adhémar et Théodeberge. *Paris.
Dentu*, 1835, 2 vol. in-8, 2 vignettes, br. — Primard
(Edouard), Les Nuits d'un Chartreux. *Paris, Roux*, 1836,
in-8, eau-forte de Goglet, cart.

Premières éditions.

585. Pouyat (Ed.). Les Etoiles, nouveau Magazine. *Paris,
Johanneau*, 1834, in-8, eau-forte de Provost, cart. non rog.
couv. imp.

Ce volume qui contient des nouvelles de Lassailly, Tristan, Hipolyte Fortoul,
une étude critique sur Victor Hugo, de Benjamin Tilleul, devait se continuer et
former une sorte de Revue.

586. Raoul (Maximilien). Histoire pittoresque du Mont-Saint-
Michel. *Paris, Abel Ledoux*, 1833, in-8, 14 vignettes à l'eau-
forte, par Boisselat, cart.

587. Raymond (Elie). La Veilleuse, romans. *Paris, Labot*, 1835,
in-8, vignette à l'eau-forte, par Edouard May, cart. non rog.
(cachets).

Première édition.

588. Régnier-Destourbet. Louisa ou les Douleurs d'une Fille
de Joie. *Paris, Delangle*, 1830, 2 vol. in-12, sur le titre, cul-
de-lampe de Tony Johannot, cart.

Première édition.

589. Régnier-Destourbet. Un Bal chez Louis-Philippe. *Paris,
Dumont*, 1831, 2 vol. in-12, cart.

Première édition.

590. Rousseau (Alfred). Un An de Poésie. *Moulins, Desrosiers*,
1836, in-8, frontispice d'Achille Allier, à l'eau-forte, tiré en
bistre, sur le titre, vignette sur bois, également tirée en
bistre, dem.-rel. — Rességuier (Jules de). Almaria, deuxième
édition. *Paris, Allardin*, 1835, in-8, vignette, br. non rog.

591. RETSCH. Faust. *Paris, Auvray, s. d.*, 26 planches, in-8, obl. br. couv. imp.

592. REY-DUSSUEIL (Marius). Le Monde Nouveau, histoire faisant suite à la Fin du Monde. *Paris, Renduel*, 1831, in-8, frontispice lithographié, non signé, cart. non rog. (première édition). — Le Cloître Saint-Méry, deuxième édition. *Paris, Dupont*, 1832, in-8, cart. non rog. couv. imp.

> Sur le titre représentant l'église Méry après l'insurrection, vignette gravée sur pierre signée Girardet. Ce roman est un type de l'imagination républicaine, des esprits avancés, au commencement du règne de Louis-Philippe. La destruction de l'ouvrage *Le Cloître Saint-Méry* fut ordonnée par arrêt de la Cour d'Assises de la Seine, du 20 février 1833.

593. SACHET (Le). Nouvelles, par Ph. Charles, Alp. Royer, etc. *Paris, Ledoux*, 1835, in-8, eau-forte sur Chine volant de Fauchery, cart. non rog.

594. SAINT-MAURICE. Gilbert, Chronique de l'Hôtel-Dieu. *Paris, Denain*, 1832, 2 vol. in-8, sur le titre, vignettes de Henry Monnier, dem.-rel. — SERVAN DE SUGNY. Le Suicide. *Paris, Béchet*, 1832, in-8, vignette d'Henry Monnier, sur le titre, cart.

> Premières éditions.

595. SAINTE-BEUVE. Volupté, sixième édition, avec un appendice contenant les témoignages et jugements contemporains. *Paris, Charpentier*, 1869, in-12, br. couv. imp.

> Envoi d'auteur,

596. SAINTE-BEUVE. 10 volumes in-12, br. couv. imp.

> Port-Royal, 1867, 6 vol. — Portraits de Femmes, 1870. — Premiers Lundis, 1875, 3 vol.

597. SAINTE-BEUVE. 9 volumes in-12, br. couv. imp.

> Souvenirs et Indiscrétions, 1872. — Lettres à la Princesse, 1873. — Proudhon, sa vie et sa correspondance, 1873. — Chroniques Parisiennes, 1876. — Les Cahiers de Sainte-Beuve, 1876. — Correspondance, 1877, 2 vol. — Nouvelle Correspondance, avec des notes de son dernier secrétaire, 1880. — Le Clou d'Or, avec une préface de J. Troubat, 1881.
> Premières éditions, envois de Jules Troubat.

598. SAINTE-BEUVE. Tableau de la Poésie française au xvie siècle, édition définitive, précédée de la Vie de Sainte-Beuve, par Jules Troubat. *Paris, Lemerre,* 1876, 2 vol. in-12, br. couv. imp.

Envoi de Troubat.

599. SAND (G.). Rose et Blanche ou la Comédienne et la Religieuse. *Paris, Renault,* 1831, 5 vol. in-12, cart.

Première édition. Sur le titre des cinq volumes est répétée une vignette de Lorentz, gravée sur bois.

Ce roman ne fut jamais réimprimé. Pour son début dans la littérature Mme Dudevant, ne manquait pas de hardiesse dans les dialogues de ses personnages comme on en pourra juger par cet extrait :

« Quoi que c'est donc ? dit le postillon en se remuant sur la selle pour retenir ses cinq chevaux.

« Ce n'est rien, dit le conducteur, c'est une dame que j'oubliais.

« Non de D... il oubliait la religieuse !

« Allons ma sœur, faut monter à l'assaut.

« On ne vous donne pas seulement le temps de lâcher de l'eau s'écria la nonne en grimpant sur l'impériale. »

A comparer le naturalisme de ce dialogue par lequel débute le 1er volume de *Rose et Blanche* avec *Lélia,* on trouverait un abîme. (Note de Champfleury).

George Sand
Vignette de Tony Johannot (1838)

600. SAND (George). Indiana, quatrième édition. *Paris, Gosselin,* 1833, 2 vol. in-8, vignettes sur Chine, de Tony Johannot, cart.

601. SAND (George). Complainte sur la Mort de François Luneau, dit Michaud, dédiée à M. Eugène Delacroix, peintre en bâtiments, très connu dans Paris. *La Châtre, imprimerie Arnault* (1834), br. de 8 pages, dérel.

La Complainte est précédée d'un Procès-verbal signé Dudevant, maire. En novembre 1834, Madame Dudevant (George Sand) n'était pas encore séparée de son mari.

602. SOUMET et BELMONTET. Une Fête de Néron, tragédie. *Paris, Barba*, 1830, in-8, lithographie de Raffet, cart. non rog. couv. imp.

Première édition.

603. STENDHAL. De l'Amour. *Paris, Mongie*, 1822, 2 tomes en 1 vol. in-12, cart. parch.

Première édition.

604. STENDHAL. Mémoires d'un Touriste, par l'auteur de Rouge et Noir, deuxième édition, *Paris, Dupont*, 1838, 2 vol. in-8, br. couv. imp.

605. STENDHAL. Œuvres posthumes. Correspondance inédite, précédée d'une introduction, par Prosper Mérimée. *Paris, Michel Lévy*, 1855. 2 vol. in-12, br. couv. imp.

606. SUE (Eugène). Plik et Plok, quatrième édition. *Paris, Vimont*, 1832, in-8, sur le titre, vignette d'Henry Monnier, dem.-rel. — Atar-Gull. *Paris, Vimont*, 1831, in-8, 4 vignettes d'Henry Monnier, cart.— Cécile, *Paris, Canel*, 1834, in-12, vignette par Forest, dem.-rel. mar. vert, dor. en tête, non rog.

Premières éditions

607. TAMPUCCI (Hippolyte). Poésies. *Paris, Paulin*, 1833, in-8, eau-forte de Célestin Nanteuil, cart. — Poésies. *Paris*, 1832, in-12, cart. non rog.

Premières éditions.

608. Tastu (Mme Amable). La Chevalerie française, *Paris, Tardieu*. 1821, in-18, fig., cart. couv. imp. (première édition). — Poésies, deuxième édition. *Paris, Dupont*, 1827, in-12, vig. de Devéria, cart. couv. imp. — Poésies, troisième édition. *Paris, Tastu*, 1827, in-8, vig. de Devéria, rel. pl.

D'après l'eau-forte de Célestin Nanteuil
Pour les Poésies d'Hippolyte Tampucci (1833)

609. Texier (Edmond). Physiologie du Poète par Sylvius. *Paris, Laisné*, 1842, in-18, vignettes de Daumier, cart. couv. imp.

610. THÉAULON. Le Bandit, pièce en 2 actes. *Paris, Barba,* 1829, in-8, vignette de Henry Monnier, cart.

> Première édition.

611. THIERRY (Edouard). Les Enfants et les Anges. *Paris, Belin,* 1833, in-18, 4 vignettes à l'eau-forte, par Joseph Thierry, cart.

> Première édition. Le volume le plus rare de la grande collection romantique.

612. THIERRY (Ed.) et TRIANON (Henry). Sous les Rideaux, Contes du soir. *Paris, Belin,* 1834, in-8, eau-forte de Chefdeville, cart. non rog.

> Première édition.

613. THOURET (Antony). Blanche de Saint-Simon ou France et Bourgogne. *Paris, Ladvocat,* 1835, in-8, portrait de l'auteur par Julien, vignette sur Chine par Forest, cart. non rog.

> Première édition.

614. VERT ET BLANC. Morceaux inédits et choisis de littérature contemporaine. *Paris,* 1834, in-18, fig., br. couv. imp. — Souvenirs de Fidélité, par de Calvimont. 1834, in-18, cart. couv. imp. — Corbeille de l'année, par Belloc, première saison. 1836, in-12, gravures par Louis Boulanger, br. couv. imp. — Keepsake des petits Enfants. 1839, in-18, fig. cart. — Feuilletons. *Orléans,* 1840, in-18, cart. couv. imp.

615. VIENNET. La Tour de Montlhéry. *Paris, Gosselin,* 1833, 2 vol. in-12, vignettes de Gigoux, cart. — VIOLLET (Alphonse). Contes de la Semaine. *Paris, Mesnier,* 1834, in-8, eau-forte d'Emile Loubon, cart. non rog.

> Premières éditions.

616. VIGNY (A. de). Poèmes, troisième édition. *Paris, Gosselin.* 1829, in-8, sur le titre, vignette de Johannot, cart.

617. VIGNY (Alfred). Stello, où les Diables bleus, seconde édition. *Paris, Gosselin*, 1833, 2 vol. in-12, 2 vignettes de Tony Johannot, dem.-rel.

618. VIGNY (A. de). Chatterton, drame, seconde édition, *Paris, Souverain*, 1835, in-8, eau-forte-frontispice d'Edouard May, cart. non rog. couv. imp.

619. WALDOR (Mélanie). L'Ecuyer Dauberon, orné de gravures et vignettes de Johannot et Gigoux. *Paris, Moutardier*, 1832, in-8, dem.-rel. — Poésies du Cœur. *Paris, Janet*, 1833, in-8, vignette de Gigoux, cart. non rog. couv. imp.

> Premières éditions.

620. ANONYME. Chauvin romantique, Romance dédiée à M. Urbain Canel, libraire romantique. *Paris, Boulland*, 1830, in-8, frontispice lithographié, dérel.

> Cette brochure est une malice lancée à Alfred de Musset.

621. ANONYME. La Perle de l'Ile d'Ischia, roman. *Paris, Delaunay*, 1837, in-12, vignettes et eaux-fortes hors et dans le texte, cart. non rog. couv. imp.

> Couverture à vignettes et filets ornementés. Eau-forte frontispice. Fleurons gravés dans le texte. Le prologue et l'épilogue sont imprimés sur papier chamois. 5 vignettes dont une à part.

622. ANONYMES. L'Evêque Gozlin, où le Siège de Paris par les Normands. *Paris, Dufey*, 1832, 2 vol. in-8, sur le titre, vignettes de Lécurieux, br. couv. imp. — Biographie du général Daumesnil, *Paris, Dupont*, 1834, in-8, vig. de Tony Johannot, cart. non rog. couv. imp. — Victor, poème en 5 chants. *Paris, Amyot*, 1835, in-12, vignette par Levasseur, cart. non rog. couv. imp.

> Premières éditions.

623. DIVERS, 20 volumes, in-8, dem.-rel.

Monde dramatique, 1835, tome 1er. — Babel-Keepsake, 1840. — Poésies de l'âme par Mme Favier, 1835.— Geneviève par Alph. Karr 1839, 2 vol.— Le Chemin le plus court, par Alph. Karr 1836. — L'Hôtel de Petau-Diable, par Siméon Chaumier, 1836, 2 vol.— Vendredi soir, par Alph. Karr. 1835. — Livia, par Robin. — Caractères et Paysages, par Ph. Chasles, 1833. — Le Souper chez le Commandeur, par H. Blaze, 1835. — La Cape et l'Épée, par Roger de Beauvoir 1837 (manq. la vignette), — Servitude et grandeur militaires, par A. de Vigny, 1838. — Veillées patriotiques, par Antony Beraud, 1836, — Contes de toutes les couleurs, tome 9, 1833. — Poèmes, marines, voyages, par Rose Revel, 1832. — Nodier, Jean Sbogar, 1820, 2 vol.

624. VIGNETTES ROMANTIQUES. Remontées sur papier fort. Bug-Jargal, par Célestin Nanteuil. — Le Cimetière d'Ivry, par Ed. May. — La Tour de Londres, par Ed. May. — Mater Dolorosa, par Boisselot. — Souffre-Douleur, par Salmon. — Fragoletta, par Fragonard. — Contes Bruns, par Tony Johannot. — Le Bonnet Vert, par T. Johannot. — Le Roi des Ribauds, par T. Johannot. — Calomnie, par Gigoux. — Soirées de Walter Scott. — Les Mauvais Garçons, par Tony Johannot. — Césaire, par Henry Monnier. — Notre-Dame-de-Paris, par T. Johannot. — Le Neveu du Chanoine, par Henry Monnier. — Le Rouge et le Noir, 2 vignettes, par Henry Monnier. — Plik et Plok, 4 vignettes, par Henry Monnier. — Atar-Gull, 4 vignettes, par H. Monnier. — L'Écuyer d'Aubéron, par T. Johannot. — Le Vendéen, 2 vignettes, par Johannot. — La Vieille Fronde, par T. Johannot. — Le Meurtre de la Vieille Rue du Temple, copie à la plume d'une vignette de Tony Johannot. — Gilbert, par H. Monnier. — Une Réaction, par H. Monnier. — La Coucaratcha, par H. Monnier. — L'Evêque Gozlin, 2 vig. par Lécurieux. — La Cour des Miracles. — Pierre, par Tellier. — Les Pelotes de l'Iroise, par Garneray. — Le Salmigondis. — Le Médecin de Campagne. — Les Ombrages, par T. Johannot. — Champavert, par Gigoux. — Chroniques Impériales. Jacques le Chouan, par Tellier. — Un Mauvais Ménage, par Lécurieux. — Deux Réputations, par Forest. — Le Pénitent, par Tellier.

— Contes de Bord, par Jollivet. — Le Brasseur du Roi,
2 vignettes, par Jules David. — Un Seigneur du Beaujolais,
par Chatillon. — Le Crapaud, par Bécœur. — Struensée,
2 vignettes, par J. David. — Thadéus, par J. David. — Une
Blonde, par Charlet. — Moutchas. — La Femme selon mon
cœur. — Elie Tobias, par J. David. — Marie de Médicis,
2 vig. par J. David. — Babel. — Les Arabesques. — Odes
et Ballades, par Cousin, 2 vig. — Les Orientales, par Cousin. — Légendes françaises, par Devéria. — Feuilles d'Automne, par T. Johannot. — Lemesle Chansons, par T. Johannot. — Les Enfants et les Anges, par Joseph Thierry. —
Souvenirs poétiques, par T. Johannot. — Revue du Midi,
3 vignettes. — Poésies de l'Ame, par H. Monnier. — La Jeune
Infirme. — Mémoires d'un Forçat. — Album perdu. — Code du
Commis Voyageur, par H. Monnier. — L'Equitation des Gens
du Monde. — Le Gastronome, par T. Johannot. — Quatre Mar-
seillaises. — Vie de Chateaubriant, 2 vignettes, par T. Johan-
not. — A la Nation sur Alger, par Tellier. — La Montagne,
par Jeanron. — Portrait-Charge de P. Foucher, par Eugène
Delacroix. — La Prisonnière de Blaye, par Johannot. —
Procès Robert et Bastien, par Daumier. — Le Barbier de
Louis XI, par Johannot. — L'Homme au Masque de Fer, par
Lordon. — Guido Reni. — Le Duc d'Enghien, par Johannot.
— Angelo, par L. Boulanger. — La Vénitienne, par J. Arago.
— Catherine Howard, par Mélingue. — Le Comte Carma-
gnola, par H. Monnier. — La Nonne Sanglante. — Vingt-
Trois, Trente-Cinq, par Waschmut. — Scènes Populaires,
par H. Monnier. — *Revues et Journaux. Titres.* La Mode. —
Le Cabinet de Lecture. — Figaro, 1829. — Figaro, 1830. —
La Silhouette. — Mercure des Salons. — L'Entr'acte. —
L'Artiste. — Vert-Vert. — Cirque Littéraire. — La Romance.
— Le Charivari. — La Caricature. — La Dominicale. — Es-
méralda. — Le Pont-Neuf. — L'Omnibus, etc., etc.

Trois cent-deux pièces.

II

Biographies, Etudes critiques, Bibliographies, etc.

625. Age du Romantisme (L'), par Burty et Maurice Tourneux. *Paris*, 1887, 5 liv. in-4, vignettes et portraits, cart. non rog. couv. imp.

626. Asselineau (Charles). Bibliographie romantique, catalogue anecdotique et pittoresque des éditions originales, seconde édition, revue et très augmentée, avec une eau-forte de Bracquemond, *Paris*, 1872. — Appendice, 1875, 2 vol. in-8, papier de Hollande, cart. non rog.

> Eau-forte de la 1re édition, par Célestin Nanteuil, ajoutée.

627. Catalogue de la bibliothèque romantique de feu M. Ch. Asselineau, précédé d'une notice bio-bibliographique de M. Maurice Tourneux, orné de deux portraits gravés par Aglaus Bouvenne et F. Régamey et de deux ex-libris de M. Bracquemond. *Paris*, 1875, in-8, br. couv. imp.

628. Derôme. Causeries d'un Ami des Livres. Les Editions originales des Romantiques. *Paris, Rouveyre, s. d.*, 2 vol. in-8, br. couv. imp.

629. Bibliographie (Petite), bibliographico-romancière ou Dictionnaire des Romanciers, tant anciens que modernes. *Paris*, 1821, in-8, dem.-rel. — Supplément au Dictionnaire des Romans, du 1er janvier 1824 au 1er janvier 1828. *Paris*, 1828, in-8, cart. non rog.

630. GLINEL (Charles). Alexandre Dumas et son Œuvre, notes biographiques et bibliographiques. *Reims*, 1884, in-8, br. couv. imp.

> Envoi d'auteur.

631. LALANNE (Maxime). Chez Victor Hugo par un Passant, avec 12 eaux-fortes. *Paris, Cadart,* 1864, in-8, papier de Hollande, eaux-fortes avant lettres, br. couv. imp.

Vignette de Tony Johannot
Pour *Caractères et Paysages* de Philarète Chasles (1832)

632. REVUE DES ROMANS. Recueil d'analyses raisonnées des productions remarquables des plus célèbres romanciers français et étrangers. *Paris,* 1839, 2 vol. in-8, cart. non rog. couv. imp.

633. TOURNEUX (Maurice). Prosper Mérimée, sa bibliographie, ornée d'un portrait gravé à l'eau-forte par Régamey. *Paris*, 1876, in-8, papier vergé, br. couv. imp. — Prosper Mérimée, ses portraits, ses dessins, sa bibliothèque. *Paris*, 1879, in-12, papier de Hollande, fig., br. couv. imp.

Envoi d'auteur.

634. BALZAC (Sur). 6 brochures in-8 et in-12.

La Revue de Paris et Monsieur de Balzac (*Extr.*). — M. Balzac, par Théodore Muret. (*Ext. de la Mode*, 1834.) — Di onorato Balzac e delle sue opere, di Cantu. *Milano*, 1838, couv. imp. — Les Manuscrits de Balzac, par Baron Ernouf. (*Extr.*). Balzac éditeur, imprimeur et fondeur de caractères, par Pons (*Ext. du Livre*). — Balzac en Bretagne, par Pontavice. *Rennes*, 1885, couv. imp. — Portraits, Maison, Collège, 6 vignettes sur Chine.

635. BALZAC (Ouvrages sur). 2 volumes et 3 brochures in-12, couv. imp.

Portrait intime de Balzac, sa vie, son humeur et son caractère par Werdet. *Paris*, *Dentu*, 1859. — Balzac, sa vie et ses œuvres, par Mme Surville. *Paris*, 1858. — Balzac propriétaire, Balzac au Collège, Balzac sa méthode de travail, par Champfleury. *Paris*, 1875-79.

636. BALZAC (Ouvrages sur). 3 volumes in-12, br. couv. imp.

Honoré de Balzac, par Théophile Gautier, portrait à l'eau-forte par Hédouin. *Paris*, *P.-Malassis*, 1859, in-12, br. couv. imp. — Balzac et ses œuvres, par de Lamartine. *Paris*, 1866, in-12, br. couv. imp. — Balzac moraliste. *Paris*, 1866, br. couv. imp.

637. BALZAC (Ouvrages sur). 3 volumes in-8, br. couv. imp.

H. de Balzac, étude variée, par Armand Baschet, avec notes historiques par Champfleury. *Paris*, *Blosse*, 1851. — Histoire des Œuvres de H. de Balzac, par Ch. de Lovenjoul, *Paris*, 1879. — Un Dernier Chapitre de l'Histoire des Œuvres de H. de Balzac. *Paris*, *Michel-Lévy*, 1880.

638. BALZAC (Sur). 8 brochures in-8 et in-12, non rog.

Balzac par Cayla. — Une préface à la Comédie humaine, contenant un ordre de lecture, par Boulé. 1873. — Ne Touchez pas à Balzac, par Miral. 1882. — Balzac, étude bibliographique de ses éditions originales, par Laporte. 1884. — Du Droit et de la Procédure dans Balzac, par Blondel, 1887. — Etude sur l'Œuvre de Balzac, par Cabot. 1889. — Catalogue des livres composant la bibliothèque de Dutacq, 1857. — Catalogue des objets d'art, livres, etc., appartenant à Mme Vve de Balzac, 1882. — Le Balzac n° 1, 1884.

639. GAUTIER (Théophile). Théophile Gautier, sa bibliographie, par Maurice Tourneux, ornée d'une eau-forte par Valentin. *Paris*, 1876, in-8, papier vergé, br. couv. imp. — Théophile Gautier, peintre, par Emile Bergerat. *Paris*, 1877, in-8, br. couv. imp. — Théophile Gautier, par Paul Parfait. (*Ext. du Musée universel.*)

640. HUGO (Victor). Victor Hugo, par un Homme de rien. *Paris*, 1840, in-12, port. br. couv. imp. — V. Hugo, par Th. Muret. (*Ext. de la Mode*). — Notre-Dame-de-Paris, drame. Mise en scène conforme à la représentation, fig. — Notes romantiques à propos de Marion Delorme, par Paul Millet. *Paris*, 1873, in-12, br. couv. imp. — Victor Hugo. Discours lu à la loge le Mont Ganelon, de Compiègne, par Jules Troubat. *Compiègne*, 1885, br. in-8, couv. imp. — Musée Victor Hugo. Catalogue. *Paris*, 1885, in-12, portr. br. couv. imp.

641. HUGO (Sur Victor). 6 volumes in-8 et in-12, br. couv. imp.

   Souvenir du banquet offert à Victor Hugo *Bruxelles*, 1862, in-12, cart. non rog. — Victor Hugo, ses portraits et ses charges catalogués par Aglaüs Bouvenne et accompagné de trois eaux-fortes. 1879, in-12, imp. — La première de Le Roi s'amuse, par Valter. 1882, in-12, br. — Discours de M. Nemo, successeur de V. Hugo, 1876. — Victor Hugo et son temps, par Barbou. 1881, in-8, fig. — L'Œuvre complète de Victor Hugo, 1885.

642. MUSSET (Paul de). Biographie de Alfred de Musset, sa vie et ses ouvrages, avec fragments inédits, *Paris*. 1861, in-8, portr. br. couv. imp.

643. SAND (George). George Sand, par le comte Th. Walsh. *Paris*, 1837, in-8, br. non rog. — George Sand, par un Homme de rien. 1840, in-12, portr. br. couv. imp. — Biographie et intrigues de George Sand, avec une lettre d'elle et une de M. Dudevant, par Brault, 1848, br. in-8, non rog.

644. DIVERS. 14 brochures. Alfred de Musset et ses prétendues attaques contre Victor Hugo par Loveryoul. *Paris*, 1878, in-18, br. couv. imp. — Catalogue d'autographes et de dessins provenant d'Alfred de Musset. 1881-82. — Du Caractère et

des Écrits d'Henri Beyle, par Babou. (*Ext. de la Revue Nouvelle.*)
— Sainte-Beuve, par un Homme de rien, in-12, portr., br.
couv. imp. — Frédéric Soulié, sa Vie et ses Ouvrages, par
Champion, 1847, in-12, portrait, br. couv. imp. — Jules
Jain. (*Ext. de la Chronique.*) — Henri de Latouche, par
Babou. (*Ext. de la Revue de Paris.*) Charles Nodier, par
F. Wey. (*Extr. de la Revue de Paris.*)—Nodier et de Jouy. Dis-
cours à l'Académie. — Charles Nodier, par Pavie. *Angers*,
1883, br. in-8, couv. imp. — Maison Alex. Dumas, par Eu-
gène de Mirecourt, 1845. — Alexandre Dumas, par Th. Muret.
(*Extr.*). — Alexandre Dumas père, par Pavie. *Angers*, 1881,
br. in-8.

645. DIVERS. Renduel et la Librairie romantique, par A. Jullien,
portrait. — Histoire inédite de quatre eaux-fortes de Célestin Nanteuil. — Armand Malitourne. — Henri Martin romantique,
par Saint-Héraye. Ensemble 4 brochures, in-8 (*Extraites du
Livre*).

646. DIVERS. 10 volumes in-12, br. couv. imp.

Les Ecrivains modernes de la France, par Chaudes-Aigues 1842, dem.-rel. —
Profils et Grimaces par Vacquerie, 1856. — Petrus Borel par J. Claretie, 1866.—
Alfred de Vigny, journal d'un poëte publié par Ratisbonne, 1867. — Charles
Nodier, épisodes et souvenirs de sa vie, par Mme Mennessier, 1867. — Madame
Desbordes-Valmore, sa vie, par Sainte-Beuve, 1870. — Gérard de Nerval, sa vie
et ses œuvres, par Alfred Delvau, 1865 portrait.—Histoire du 41e Fauteuil, 1878.—
Sainte-Beuve et ses inconnues, par Pons, 1879. — Cinquante ans de vie littéraire,
par Mary Lafon, 1882.—L'Impeccable Théophile Gautier et les sacrilèges roman-
tiques, par Nicolardot, 1883.

647. DIVERS. 9 volumes ou brochures, in-8 et in-12.

Du Classique et du Romantique. *Rouen*, 1826, in-18, br. couv. imp.—Essai sur
la Littérature romantique. 1825, in-8, cart. non rog. — Encore un mot, seconde
satire. 1826, in-8, br. couv. imp.— Les Classiques vengés· 1825, in-12, cart. couv.
imp. — Les Deux Écoles ou essais satyriques sur quelques illustres modernes.
1829, in-12, br. couv. imp. — De l'Imitation théâtrale à propos du romantisme.
1830, in-12, br. couv. imp. — Prosodie de l'école moderne, par Trénint. 1844,
in-12, cart. non rog. — Les Romantiques, par Marc de Malifaud. 1878, in-12,
br. couv. imp. — Le Romantisme des classiques, par Deschanel. 1883, in-12,
couv. imp.

THEATRE

648. BEAUMARCHAIS. La Folle Journée ou le Mariage de Figaro, comédie. *Paris, Au Palais-Royal, chez Ruault*, 1785, in-8, fig. de Saint-Quentin, cart.

649. COQUELEY DE CHAUSSEPIERRE. Le Roué vertueux, poème en prose, propre à faire, en cas de besoin, un drame à jouer deux fois par semaine. *Lausanne*, 1770, in-8, fig. cart. non rog.

650. DUMAS (fils). L'Ami des Femmes, comédie. *Paris*, 1864, in-8, grand papier, br. couv. imp.

> Première édition, envoi d'auteur.

651. DURANTY. Théâtre des Marionnettes du jardin des Tuileries. *Paris, Dubuisson, s. d.*, in-8, fig. coloriées, cart. non rog. couv. imp.

> Première édition.

652. GUIGNOL. Théâtre Lyonnais de Guignol, publié pour la première fois, avec une introduction et des notes. *Lyon, Scheuring*, 1865, in-8, *tome premier*, fig., br. couv. imp.

653. HANLON LEES (frères). Mémoires et Pantomimes, avec une préface de Th. de Banville et six eaux-fortes de F. Régamey. *Paris, s. d.*, in-12, br. couv. imp.

> Envoi de F. Régamey.

654. LABICHE (Eugène). Discours de réception à l'Académie française. *Paris*, 1880, in-4, br. couv. imp. *(Envoi d'auteur)*. — Eugène Labiche et l'Académie. La grammaire, notes pour servir à l'histoire d'une pièce, par Leveaux. *Compiègne*, 1888, 2 br. in-12, couv. imp.

655. LECOMTE (Henry). Frédérick-Lemaître, étude biographique et critique, d'après des documents inédits. *Paris*, 1888, 2 vol. in-8, br. couv. imp.

656. MAGNIN. Histoire des Marionnettes en Europe. *Paris*, 1862, in-12, cart. couv. imp. — Marche funèbre d'une Marionnette, musique de Gounod, gravures par Paul Destez et Japhet. *Paris, s. d.*, in-4, couv. imp.

657. MARTIN (Alexis). Le Bibliophile amoureux, pochade en un acte, représentée le 15 avril 1866, chez Aglaüs Bouvenne, sur un théâtre de guignol, illustré par Ed. Morin, J. Jacquemart et Frichot fils. *Paris*, 1866, in-8 cart. Tiré à 30 exemplaires.
Envoi d'auteur.

658. MOLIÈRE, 9 volumes ou brochures in-8 et in-12.
Éloge par Chamfort, 1869. — Le Fauteuil de Molière (*Ext. du Monde Dramatique*) fig. — Un Compte-Rendu de la Comédie des Précieuses ridicules, 1877. — Molière jugé par ses contemporains, avec une notice par P. Malassis, 1877. — La Famille de Molière était originaire de Beauvais, notes publiées par Mathon. *Paris*, 1877, fig. (Notice tirée à 25 exemplaires.) — Le Blason de Molière, étude iconographique, par Benjamin Fillon. *Paris*, 1878, portrait. — La Relique de Molière, par Ulric Richard. — Desaix. *Paris*, 1880, fig., etc., etc.

659. MOLIÈRE (Sur). 4 vol. in-12, br. couv. imp.
Dictionnaire de morale et de littérature, par Molière, 1838. — Un Compte-Rendu de la Comédie des Précieuses ridicules, 1877. — La Vie de Molière, par Grimarest, avec une notice par P. Malassis, 1877. — Molière, son théâtre et son ménage, par Eugène Noël 1880.

660. PANTOMIMES. 5 brochures in-8 et in-12, couv. imp.
Le Réveil, prologue du Cercle Funambulesque, par Jacques Normand, 1888. — Le Ventre et le cœur de Pierrot, par Rouanet, 1880. — Pierrot assassin de sa femme, par Margueritte, 1882. — Pierrot volage, par Gayda, 1886, fig. — Les Éreintés de la vie, par Champsaur, illustrations de Gerbault, 1888.

661. PATHELIN. La Farce de Maistre Pierre Pathelin, avec son testament. *Paris, Durand,* 1762, in-12, dem.-rel. — Maistre Pathelin. *Paris, Baillieu,* 1855, in-12, br. couv. imp.

662. PIERROT. 4 brochures illustrées, in-8, couv. imp.

> Pierrot en prison. — Premier Duel de Pierrot, par le Grand Jacques, eaux-fortes par Henry Somm. — Pierrot sceptique, par Hennique et Huysmans. Les Pierrots, par Mélandri, fig. de Willette.

663. PIXERÉCOURT. Théâtre choisi, précédé d'une introduction par Ch. Nodier. *Paris, Tresse,* 1841, 4 vol. in-8, portrait, dem.-rel.

664. POLICHINEL vampire, ballet pantomime, par Blache. *Paris,* 1823, in-8, cart. couv. imp.—Polichinelle, par Charles Nodier, in-8, br. *(Ext.).* — Les Aventures de Polichinelle, drame en un acte, in-18, fig. color., br. couv. imp.

665. PROU (Victor). Les Théâtres d'automates en Grèce, au XIe siècle avant l'Ere chrétienne. *Paris, Imprimerie Nationale,* 1881, in-4, br. couv. imp.

666. REDWITZ. Le Maître des Compagnons, drame. *Genève,* 1872, in-8, fig. cart.

667. SARDOU (Victorien). Discours de réception à l'Académie française. *Paris,* 1878, in-4, br. couv. imp.

> Envoi d'auteur.

668. SHAKSPEARE. A Midsummer night's dream, illustrated with, 24 silhouettes by Konewka. *London,* 1868, in-4, cart. couv. imp.

669. VACQUERIE (Auguste). Tragaldabas. *Paris,* 1875, in-8, br. couv. imp.

> Première édition, envoi d'auteur.

670. WAGNER (Richard). Quatre poèmes d'opéras, traduits en prose française. *Paris*, 1861, in-12, cart. couv. imp.

Première édition, envoi d'auteur.

671. DIVERS. 12 volumes in-8 et in-12, br. couv. imp.

La Revue des Théâtres, *an VIII.* — Histoire de Deburau, 1833. — Dictionnaire par Molière, 1838. — Il signor Pulcinella, par Léon Beauvallet, 1857. — Le Manteau d'Arlequin, par Montagne, 1866. — La Comédie du Boudoir, par Podestat. 1858, *eaux-fortes.* — Les origines du théâtre, par Magnin, 1868. — Les Types populaires au théâtre, par Celler. 1870, *papier vergé.* — Les Coulisses du passé, par P. Foucher, 1873. — Paris-Pantin, par Lemercier de Neuville. 1868, fig. — Le voyage de Sarah Bernhardt en Amérique, par Colombier, figures, etc.

OUVRAGES VARIES

672. ADAM. Le Monde invisible dévoilé, révélations du micros-
cope, 300 figures. *Bruxelles*, 1879, in-8, br. couv. imp.

673. ADELINE (Jules). Gisors, avec une eau-forte. — Le Tréport,
notes à la plume, croquis à l'eau-forte. *Rouen*, 1873-75, 2 br.
in-8, couv. imp.

674. ADELINE (Jules). Rouen disparu, vingt eaux-fortes. *Rouen*,
1876, in-4, dans un cart. couv. imp.

   Envoi d'auteur.

675. ADELINE (Jules). Rouen qui s'en va, vingt eaux-fortes, précédées d'une notice illustrée. *Rouen*, 1876, in-4, en feuilles,
couv. imp.

676. ADELINE (Jules). Les quais de Rouen, autrefois et aujour-
d'hui, cinquante eaux-fortes, avec texte et légendes. *Paris*,
1879, in-fol. en feuilles, dans un cart. couv. imp.

   Tiré à 125 exemplaires.

677. ADELINE (Jules). Le Cortège historique, organisé en 1880,
par le Comité des fêtes de bienfaisance de Rouen. Entrée
du Roy Henri II, à Rouen, en 1590, vingt-deux eaux-fortes
avec texte. *Rouen*, 1880, in-8, obl.

678. ADELINE (Jules). La Farce des Quiolards, tirée d'un proverbe normand, avec une introduction et dix eaux-fortes.
Rouen, 1881, in-8, en feuilles, dans un cart. couv. imp.

   Tiré à 125 exemplaires.

679. ALMANACHS. Recherches sur les almanachs et calendriers historiés, du xvie au xixe siècles, avec notices bibliographiques, par Pouy. *Amiens*, 1874, in-8, br. couv. imp. — Calendrier français du xiiie siècle, par Moland. *Ext. Revue archéologique*, 1862, in-8, cart.

680. ARCHÉOLOGIE. 24 brochures in-8.

> Discussion, etc., de l'histoire générale de la cité des Carnutes et du pays Chartrain, par Ozeray, s. l. 1841. — De la croix ansée Egyptienne, par Letronne, 1844. — Fontaines celtiques, par Bonnafoux, 1874. — Essai sur les sépultures Mérovingiennes, dans le département de la Mayenne, par Farcy, 1885. — Notice sur un atelier de silex taillés par Millet, 1888. — Sépultures du Château de Montal. 1881, figures, etc., etc.

681. ARNAUD. Les Époux malheureux ou Histoire de M. et Mme * * * (Labédoyère), *s. l. n. d.*, 2 vol. in-8, 10 figures, par Eisen, *avant lettres*, dem. rel.

> Les figures sont numérotées de 1 à 10.

682. ASSELINEAU (Charles). 4 volumes in-12, br. couv. imp.

> La double vie, nouvelles. *Paris, P. Malassis*, 1858, fig. *Envoi d'auteur.* — L'Enfer du bibliophile, vu et décrit. *Paris*, 1860, in-18. — Charles Baudelaire, sa vie et son œuvre, avec portraits, 1869. *Envoi d'auteur.* — André Boulle, ébéniste de Louis XIV, troisième édition, revue et complétée, 1872.

683. ASSELINEAU (Charles). La Ligne brisée, histoire d'il y a trente ans. *Paris*, 1872, in-12, vignette d'Ed. Morin, *papier de Hollande*, br. couv. imp.

> Envoi d'auteur.

684. ASSÉZAT. Singularités physiologiques. L'Homme-Machine par de la Metterie. Lucina, par Johnson, avec une introduction et des notes. *Paris*, 1865, 2 vol. in-18, papier vergé, br. couv. imp. — Œuvres facétieuses du Noël Du Fail, revues sur les éditions originales, introduction et notes par Assézat. *Paris*, 1874, 2 vol. in-12, cart. non rog.

685. BANVILLE (Th. de). Poésies complètes. *Paris, P. Malassis*, 1858, in-12, frontispice, br. couv. imp. — Les Exilés. *Paris*, 1867, in-12, portrait, br. couv. imp.

Première édition, envoi d'auteur.

686. BAUDELAIRE-DUFAŸS. Salon de 1846. *Paris. Michel Lévy*, 1846, in-12, cart. non rog.

Première édition.

687. BAUDELAIRE (Charles). Les Fleurs du mal. *Paris, P. Malassis*, 1857, in-12, cart. non rogn. (Manque la couverture).

Première édition, envoi d'auteur.

688. BAUDELAIRE (Charles). Articles justificatifs pour Charles Baudelaire, relatifs au Procès des *Fleurs du mal*, par Barbey d'Aurevilly, Ch. Asselineau, Ed. Thierry et Dulamon. *s.l.n.d.*, in-4, couv. imp. — Révélation magnétique d'Edgar Poë, traduite par Ch. Baudelaire.

Épreuves d'imprimerie pour la Revue, *La Liberté de la Pensée* avec nombreuses *corrections* autographes de Charles Baudelaire, 9 feuilles in-8, remontées. En tête du recueil est une note manuscrite de Champfleury relative aux auteurs des articles justificatifs. Ensemble 2 br., in-4, cart.

689. BAUDELAIRE (Charles). Théophile Gautier, notice littéraire. *Paris, P. Malassis*, 1859, in-12, cart. non rog. couv. imp.

Première édition, envoi d'auteur.

690. BAUDELAIRE (Charles). Les Epaves, avec une eau-forte, frontispice de F. Rops, sur chine. *Amsterdam*, 1866, in-12, papier de Hollande, br. non rog.

Au-dessus d'un nouveau squelette dont les bras se changent en branches pour atteindre les fruits de l'arbre du mal, le dessinateur a gravé un petit médaillon de Baudelaire, autour duquel des amours font la culbute.

691. BAUDELAIRE (Charles). Œuvres complètes, *Paris*, 1869, tomes I, III et IV, in-12, br. couv. imp.

Première édition.

692. BAUDELAIRE (Charles). Souvenirs, correspondance, bibliographie suivie de pièces inédites. *Paris, Pincebourde*, 1872,
in-8, papier vergé, br. couv. imp.

> Portrait de Baudelaire par lui-même, fac-similé, réduit par A. Bouvenne.
> Édition donnée par P. Malassis.

693. BECQ DE FOUQUIÈRES. Les Jeux des anciens, leur description, leur origine, leurs rapports avec la religion, etc.
Paris, 1869, in-8, figures, br. couv. imp.

694. BIBLIOGRAPHIE des traditions et de la littérature populaire
de la Bretagne, par Gadoz. *Paris*, 1882, br. in-8, couv. imp.
— Iconographie des Thèses, notice sur les thèses dites historiées, par Pouy. *Amiens*, 1869, br. in-8, couv. imp. — Les
anciennes vues d'optique par Pouy. *Amiens*, 1888. — Les
Couvertures et les feuilles de garde des vieux livres, par
Saint-Genois. *Paris*, 1874, in-12, br. couv. imp. — Essai
sur l'Iconographie de la Compagnie de Jésus, par Hamy.
Paris, 1875, in-8, cart. couv. imp.

695. BIBLIOTHÈQUE, portraits dessins et autographes de feu
M. Auguste Poulet-Malassis. *Paris*, 1878, in-8, papier de
Hollande, portrait par Bracquemond, br. couv. imp.

696. BIBLIOTHÈQUE ELZÉVIRIENNE. Les quinze Joies du mariage.
— Hitopadésa, ou l'Instruction utile. *Paris, Jannet*, 1853,
1855, ensemble 2 vol. in-12, cart. non rog.

697. BIBLIOTHÈQUE ORIGINALE. *Paris, Pincebourde*, 1865,
4 volumes, in-12, eaux-fortes, br. couv. imp.

> Correspondance intime de l'Armée d'Égypte. — Histoire du comte de Bucquoy.
> — Fréron, par Ch. Monselet. — La vérité sur la mort d'Alexandre le Grand. —
> Les mystifications de Caillot-Duval.

698. BILLARDON DE SAUVIGNY. Histoire amoureuse de Pierre le
Long et de sa très honorée dame Blanche Bazu. A *Londres*,
(*Paris*), 1765, in-12, 1 titre gravé, 1 frontispice et 3 vignettes
à l'eau-forte, cart.

699. BLONDEL. Histoire des Eventails, chez tous les peuples et à toutes les époques, ouvrage illustré de 550 gravures. *Paris*, 1875, in-8, br. couv. imp.

700. BOUTET (Henry). Almanach. *Paris*, 1887, 1888, 1889, 3 vol. in-18, eaux-fortes, br. couv. imp. — Croquis parisiens, suite de pointes sèches et d'eaux-fortes, 1re série. Fantaisie incohérente, *s. l. n. d.*, in-8, br. couv. imp.

701. BOUVENNE (Aglaüs). Les Monogrammes historiques, d'après les monogrammes originaux. *Paris*, 1870, in-12, br. couv. imp.
Envoi d'auteur.

702. BOYER DE SAINTE-SUZANNE (Baron). Notes d'un curieux, sur les tapisseries tissées de haute ou basse lisse. *Monaco* 1878, tomes 1 et 3, in-8, papier de Hollande, br. couv. imp.

703. BUCHON (Max). Le Réalisme. Discussions esthétiques. *Neuchatel*, 1856, in-12, dem. rel.

704. BUCHON (Max). Scènes villageoises de la Forêt-Noire, 1853. — Poésies Franc-Comtoises, 1862. — Le Gouffre gourmand, *extrait*. — Œuvres choisies, notice biographique par Champfleury, portrait d'après Courbet, eaux-fortes, par Régamey, 1878, 3 vol. Ensemble 4 vol. et une broch. in-12, couv. imp.

705. BURTY (Philippe). Pas de lendemain. *Paris*, 1869, in-8 carré, eau-forte, br. couv. imp.
Envoi d'auteur.

706. BURTY (Philippe). Grave imprudence. *Paris*, 1880, in-12, br. couv. imp.
Première édition, envoi d'auteur.

707. CAILLOT-DUVAL. Correspondance philosophique, rédigée d'après les pièces originales, et publiées par une Société de Littérateurs Lorrains. *Nancy*, 1795, in-8, cart. non rog.
Première édition.

708. CARDEVACQUE. Notice sur les vieilles enseignes d'Arras. *Arras*, 1885, in-4, fig., br. couv. imp.

709. CAREL. Histoire anecdotique des contemporains. *Paris*, 1885, in-8, portraits, br. couv. imp.

Envoi d'auteur.

710. CARTES A JOUER (Les) et la Cartomancie, par Paul Boiteau. *Paris*, 1854, in-12, figures, br. couv. imp. — Recherches sur l'industrie cartière en Lorraine, par L. Wiener. *Nancy*, 1884, in-8, figures, br. couv. imp.

Envois des auteurs.

711. CAZOTTE. Le Diable amoureux, nouvelle espagnole. *Naples*, 1772, in-8, 6 fig. grotesques, cart.

Edition originale.

712. CÉRÉMONIES du mariage allemand au xv1e siècle, s. *l*. 1592, in-12, fig., cart.

Texte allemand.

713. CHAMISSO (Adelbert), Peter Schlemihl, wundersame Geschichte. *Nuremberg*, 1814, in-12, portrait, cart. — Pierre Schlemihl. *Paris, Ladvocat*, 1822, in-12, cart. non rog.

714. CHATS. Frœnix, domini petri ravennatis memoriæ magistri. *Venise*, 1533, in-12, cart.

715. CHATS (Les). Extraits de pièces rares et curieuses, en vers et en prose, anecdotes, chansons, etc., le tout concernant la gent féline. *Paris, Gay*, 1866, in-12, cart. couv. imp. — Les Chats, *Rotterdam*, 1728, in-8, v. m.

716. CHOIX DE FIGURES trouvées à Nuremberg, étudiées au point de vue de la connaissance des choses magiques par le docteur Théophraste de Hohenheim. Imprimé en l'an 1569, in-12, dem. rel.

717. Collection Jannet. 5 volumes in-12, 1866, papier vélin, br. couv. imp. dans un étui.

Les Aventures de Til Ulespiègle. — Contes fantastiques. — Les Pastorales de Longus. — Paul et Virginie. — Œuvres complètes de F. Villon.

718. Collection Liseux. 6 volumes in-12, br. couv. imp.

Point de Lendemain, par Vivant Denon, 1876.— Socrate et l'Amour grec, 1877. — Les Epistres amoureuses d'Aristenet, 1876. — Julius, 1875. — Arminius, 1877. — Histoire de Jean-l'Outpris, 1877.

719. Collection P. Malassis. 7 volumes in-12, couv. imp.

La Foire aux Artistes, par A. Scholl, 1859.— Lettres satiriques par Babon.— Histoire de la Convention Nationale, par Maron, 1860. — Le Neveu de Rameau, 1862. — Lettres sur les animaux, par Leroy, 1862. — Rimes inédites du patois Percheron, 1861. — Le Rabelais de poche, avec un dictionnaire pantagruélique, 1860.

720. Corblet (Abbé). Glossaire étymologique et comparatif du patois Picard, ancien et moderne. *Paris*, 1851, in-8, cart. non rog.

721. Crépet (Eugène). Charles Baudelaire. Œuvres posthumes et correspondances inédites, précédées d'une étude biographique. *Paris*, 1887, in-8, br. couv. imp.

Envoi d'auteur. Un des 30 exemplaires sur papier de Hollande.

722. Delepierre (Octave). Histoire littéraire des Fous. *Londres*, 1860, in-12, cart. — Recherches historiques sur les Fous des rois de France, par Canel. *Paris*, 1875, in-12, br. couv. imp. Essai historique et bibliographique sur les Rébus. *Londres*, 1870, in-8, fig., br.

723. Delepierre. Le Roman du Renard, traduit pour la première fois, d'après un texte flamand du xiie siècle, etc. *Paris*, *Téchener*, s. d., in-8, cart. couv. imp. — Le Roman du Renard, mis en vers, par Potvin. *Paris*, 1861, in-12, br. couv. imp.

724. DELVAU (Alfred). Les Cythères parisiennes, histoire anecdotique des bals de Paris, avec 24 eaux-fortes et un frontispice
de F. Rops et E. Thérond. *Paris*, 1864, in-12, br. couv. imp.

725. DESNOYERS (Fernand). 9 volumes in-12, br. couv. imp.

Le Bras noir, pantomime en vers, vignette de Courbet, 1856. — Théâtre de
Polichinelle, prologue en vers. *Paris, P. Malassis*, 1861, eau-forte. — Almanach
Parisien. 1860 à 1864, 5 vol. fig. — Poésie française, le Vin. Vers fantasti-
ques, 1869. — Une Journée de Pick de l'Isère. 1864, portrait.

Portrait de Fernand Desnoyers
(Extrait de l'*Almanach parisien*, 1860)

726. DIABLE (Sur le). 5 volumes in-12.

La Conférence du Diable avec Luther, contre le Saint-Sacrifice de la messe.
Paris, G. Desprez, 1673, fig. v. m. — Infernaliana, publié par Charles Nodier.
Paris, 1822, fig. dem.-rel. — La Sorcellerie, par Louandre. 1853, br. couv. imp.
— Histoire du Diable, pendant la mission de Jésus-Christ en Palestine, par
Morel. 1861, cart. couv. imp. — Le Diable en Champagne. *Paris*, 1869, cart.
couv. imp.

727. DIDEROT ET GESSNER. Contes moreaux et Nouvelles Idylles. *Zuric, chez l'auteur*, 1773, in-4, figures et vignettes dessinées et gravées par Gessner, v. éc.

Première édition.

728. DIVERS. 12 volumes ou brochures in-8 et in-12.

Œuvres choisies. 1856, 2 vol. in-12, cart. couv. imp. — Salons inédits. — Lettres inédites au statuaire Falconet. — Le Philosophe Diderot, par Germé, 1884. — Les Manuscrits de Diderot conservés en Russie, catalogue dressé par Maurice Tourneux, 1785.— Aux manes de Diderot. 1788, portrait cart.— La Propriété littéraire au xviii° siècle. Lettre sur le commerce de la librairie, publiée pour la première fois, avec une introduction par Guiffrey. *Paris*, 1861, in-8, cart. — Mémoire sur Diderot, par Damiron. 1852 in-8, cart. — Diderot, par Bersot. *Paris*, 1851, in-12, cart. couv. imp. — La Politique de Diderot, feuillets inédits, extraits d'un manuscrit de la bibliothèque particulière des Czars, par Maurice Tourneux. *Paris*, 1883, br. in-8, couv. imp. (*Envoi d'auteur*).

729. DIVERS. 4 volumes in-8, br. couv. imp.

Henri IV écrivain, par Jung, 1855. — Œuvres complètes de l'empereur Julien, étude par Talbot, 1863. — Les Forêts de la Gaule et de l'ancienne France, par Maury, 1867. — La Piété du Moyen-âge, par de Martonne, 1855.

730. DUMAS (Alexandre). La Retraite illuminée, avec divers appendices sur la Fête Auxerroise. *Auxerre*, 1858, in-18, papier de Hollande, br. couv. imp.

Tiré à 75 exemplaires.

731. DURIEUX. Les Miniatures des manuscrits de la bibliothèque de Cambrai, avec catalogue des volumes à vignettes et un Album de 18 planches in-4, contenant plus de cent dessins au trait fac-similé. *Cambrai*, 1861, 2 vol. in-8 et in-4, br. couv. imp.

732. DUSOLIER (Alcide). Jules Barbey d'Aurevilly, avec un portrait gravé à l'eau-forte par Alp. Legros. *Paris*, 1862, in-12, br. couv. imp.

733. Dusolier (Alcide). 4 volumes in-12, br. couv imp

Ceci n'est pas un livre. *Paris, P.-Malassis*, 1861.— Nos Gens de Lettres, leur caractère et leurs œuvres, 1864. — Propos littéraires et pittoresques de Jean de La Martrille, avec un frontispice par Emile Benassit, 1867.—Les Quatre Poésies. 1868, papier bleu.

Envois d'auteur.

La Chanson de Mme Fontaine
Par Fernand Desnoyers. (*Almanach parisien*, 1862)

734. ERDAN (Alexandre). La France mistique, tableau des excentricités religieuses de ce temps. *Paris, Coulon-Pineau, s. d.*. 2 vol. in-8, portraits, br. couv. imp.

735. EUDEL (Paul). L'Hôtel Drouot et la Curiosité, de 1881 à 1888. *Paris, Charpentier*, 1882-1889, 8 vol. in-12, portraits, br. couv. imp.

> Chaque volume porte un envoi d'auteur.

736. EUDEL (Paul). Le baron Charles Davillier. *Paris*, 1883, in-8, figures, br. couv. imp.

737. EUDEL (Paul). Les Locutions Nantaises, avec une préface par Charles Monselet. *Nantes*, 1884, in-18, papier teinté, br. couv. imp.

> Envoi d'auteur.

738. EUDEL (Paul). 60 planches de la collection de Paul Eudel, pour faire suite aux Eléments d'Orfèvrerie composés par Pierre Germain. *Paris, Quantin*, 1884, in-4, fig., papier de Hollande, en feuilles dans un carton.

> Envoi d'auteur.

739. EUDEL (Paul). La Vente Hamilton, avec 27 dessins hors texte. *Paris*, 1883, in-8, br. couv. imp.

> Envoi d'auteur.

740. EUDEL (Paul). Collections et Collectionneurs. *Paris, Charpentier*, 1885, in-12, br. couv. imp.

> Première édition, envoi d'auteur.

741. EUDEL (Paul). Le Truquage, les Contrefaçons dévoilées. *Paris, Dentu*, 1884, in-12, br. couv. imp. — L'Hôtel Drouot, monologue. *Paris, Tresse*, 1882. br. in-12, couv. imp.

> Premières éditions, envois d'auteur.

742. Eudel (Paul). Les Ombres Chinoises de mon Père. *Paris, Rouveyre, s. d.*, in-4, figures de Régamey, br. couv. imp.

Envoi d'auteur, un des 25 exemplaires sur papier Whatman.

743. Fayne Knight. Le Culte de Priape et ses rapports avec la théologie mystique des anciens. *Bruxelles, Gay*, 1883, in-8, planches, br. couv. imp.

744. Fleury (Edouard). Bailliage du Vermandois. Elections aux Etats-Généraux, procès-verbaux, etc., introduction et notices. *Laon*, 1872, in-8, br. couv. imp. — Famines, Misères et Séditions. Etudes révolutionnaires. *Laon, s. d.*, in-8, br. couv. imp.

745. Fleury (Edouard). Trompettes-Jongleurs et Singes de Chauny. *Saint-Quentin*, 1874, in-8, br. couv. imp.

746. Fleury (Edouard). Antiquités et Monuments du département de l'Aisne. *Paris*, 1877, 4-vol. in-4, fig., br. couv. imp.

747. Fleury (Edouard). Les Peintures murales de Nisy-le-Comte. *Paris*, 1878, br. in-4, planches, couv. imp.

748. Fleury (Edouard). Origines et Développements de l'Art théâtral dans la province ecclésiastique de Reims. *Laon*, 1881, in-8, br. couv. imp.

749. Fleury (Edouard). Les Instruments de musique sur les monuments du moyen-âge, du département de l'Aisne. *Laon*, 1882, in-8, figures, br. couv. imp.

750. Florival et Midoux. Les Vitraux de la cathédrale de Laon, ouvrage accompagné de nombreuses gravures. 1er fascicule. *Paris*, 1882, in-4, br. couv. imp.

751. Fricz et Léger. La Bohême historique, pittoresque et littéraire, 21 gravures. *Paris*, 1867, in-8, br. couv. imp.

752. GOURIET. Personnages célèbres dans les rues de Paris, depuis une haute antiquité jusqu'à nos jours. *Paris*, 1811, 2 vol. in-8, cart.

753. GRIMARD. L'Esprit des Plantes, silhouettes végétales, illustrations par Lancelot. *Tours, Mame*, 1869, in-8, br. couv. imp.

754. GUIMET (Emile). Promenades Japonaises, dessins d'après nature dont six aquarelles reproduites en couleur, par Félix Régamey. *Paris*, 1878, in-4, cart. de l'éditeur, tr. dor.

755. GUIMET. Promenades Japonaises. Tokio-Nikko, dessins par Félix Régamey. *Paris*, 1880, in-4, br. couv. imp.

756. HORAE. In-8 de 110 feuillets (hauteur 220 millimètres, largeur 155 millimètres), miniatures, bordures et lettres ornées, reliure en bois. Incomplet de quelques feuillets.

> Manuscrit sur vélin exécuté dans la seconde moitié du xi° siècle. Il est écrit en rouge et noir et orné de 8 grandes miniatures, d'une petite et 10 grandes lettres ornées.
>
> Les grandes miniatures mesurent 80 millimètres de hauteur sur 70 millimètres de largeur. Elles représentent : *L'Annonciation, La Visitation, L'Annonce aux Bergers, La Présentation au Temple, Le Couronnement de la Vierge, Le Christ en croix, Le Saint-Esprit descendant sur les Apôtres, Le Roi David.*
>
> Chaque miniature est entourée d'une bordure composée d'ornements de fleurs, d'arabesques ou de motifs d'architecture.
>
> Les 10 grandes lettres initiales sont peintes en bleu sur fond d'or et ornées d'un bouquet de fleurs.

757. HUCHER (Eugène). Iconographie du roi René, de Jeanne de Laval, sa seconde femme, etc. *Le Mans*, 1879, in-8, fig. br. couv. imp.

> Tiré à 50 exemplaires.

758. JUIF-ERRANT (Sur le). 7 volumes ou brochures.

> Histoire du Juif Errant, écrite par lui-même. *Paris*, 1820, in-8, dem.-rel. — La Licorne et le Juif-Errant. *Bruxelles*, 1845, in-8, br. — Histoire du Juif-Errant. *Paris*, s. d., in-18, br. — La Légende du Juif-Errant, par Collin de Plancy. *Paris*, 1853, in-8, br. couv. imp. — La Mort du Juif-Errant, poème, par Grenier. *Paris*, 1857, in-12, br. couv. imp. — Le Juif-Errant, s. l. n. d., in-8, figures de Célestin Nanteuil, cart. — Le Juif-Errant, par G. Paris. *Paris*, 1880, br. in-8, couv. imp.

759. INDAGINE. Chiromantia, physiognamia, etc., *s. l.* 1539, in-8, fig. v. m.

> Ouvrage sur la Chiromancie, la Physionomie et l'Astrologie naturelle, enrichi d'un grand nombre de figures sur bois.

760. JEUX. 3 brochures in-8, couv. imp.

> Le Billard, par Lalanne. *Paris*, 1866, eaux-fortes. — Notice sur un jeu de cartes, attribué aux premières années du règne de François 1er, par Trémeau. *Niort*, 1867, in-8, fig. — Iconographie du noble jeu de l'Oye. Catalogue descriptif et raisonné de la collection de jeux formée par le Baron de Winck. *Bruxelles*, 1886.

761. LACROIX (Paul). Les Arts au Moyen-Age et à l'époque de la Renaissance. *Paris*, 1874, in-4, fig., cart. de l'éditeur tr. dor.

762. LA FIZELIÈRE (Albert de). Vins à la mode au xvii⁰ siècle, frontispice à l'eau-forte de Lalanne. *Paris*, 1866, in-12, br. couv. imp. — Charles Baudelaire. *Paris*, 1868, in-12, br. couv. imp.

763. LA FONTAINE. Œuvres complètes, ornées de trente vignettes dessinées par Devéria. *Paris, H. Balzac, éditeur-propriétaire*, 1826, in-8, fig., dem.-rel. non rog.

> Exemplaire avec envoi de la Veuve de Balzac. Donné à M. Champfleury, comme un témoignage de sympathie pour son beau talent littéraire et d'affectueux estime pour son noble caractère, par la veuve de l'éditeur.

764. LA FONTAINE, 9 volumes in-8 et in-12.

> Fables. *Paris, Treulel*, 1832, 2 vol. in-8. — Contes et Nouvelles, *Paris, Delahays*, 1861, in-12. — Etudes sur La Fontaine. 1822, in-8, fig. — La Fontaine et les Fabulistes, par Saint-Marc-Girardin. 1867, 2 vol. in-8, br. couv. imp. — La Fontaine et ses fables, par Taine, 1870. — La Fontaine économiste, par Boissonade, 1872. — Les Fabuleuses bêtes du bonhomme, par Franceschi, 1869.

765. LA FONTAINE. Diverses éditions. Commentateurs, Fabulistes divers. 36 volumes in-8, in-12 et in-18.

> Fables. *Paris, Emery* 1818, 2 vol. in-8, br. — Opuscules inédits, publiés par de Monmerqué, 1820. in-8, br. — Suite des œuvres posthumes, publiées par

Despréaux. — Etudes sur La Fontaine. 1813, in-8, fig. — La Fontaine et M. de Lamartine, par J. Claretie, 1864. — Les Fabuleuses bêtes du bonhomme, par Franceschi, 1869. — Observations, par Gail, 1821. — Fables de Le Bailly, Lemonnier, Phèdre, etc., etc.

766. LA FONTAINE (Sur). 18 brochures, in-8, in-12 et in-18.

Discours sur la manière de lire les fables ou de les réciter, par l'abbé Aubert. — Notice inédite, historique et littéraire sur la vie de La Fontaine, par Des Renaudes, 1832. — Variétés bibliographiques à propos de ces fables, par P.-L. Jacob. — Des origines ou imitations des fables de La Fontaine, par Liotard, 1867. — De quelques emprunts ou imitations en littérature à propos de La Fontaine, par Liotard, 1867. — Trois fables à l'occasion d'un procès du vivant de La Fontaine, 1872. — Le premier Imagier de La Fontaine, par Pons, etc.

767. LA FONTAINE. Histoire de la vie et des ouvrages de J. de La Fontaine, par Walckenaer. *Paris*, 1820, in-8, port. br. non rog.

« Mon cher ami, ceci est un exemplaire de Sainte-Beuve et les petites barres au crayon sont de sa main ». (Note manuscrite de Jules Troubat).

768. LA FONTAINE. Notes, Portraits, Gravures.

Portraits et Frontispices historiés, 18 pièces. — La maison à Château-Thierry, 6 pièces. — Six compositions, par Decamps. — Vignettes de diverses éditions, 16 pièces. — Sept fables choisies, illustrées par Frôlich. — Caricatures d'après les fables, 5 pièces.

769. LARCHEY (Lorédan). 6 volumes in-12, br. couv. imp.

Les Excentricités de la langue française en 1860, eau-forte. — Deuxième édition, 1861, eau-forte. — Quatrième édition, singulièrement augmentée. 1862, frontispice. — Notes de René d'Argenson, 1866. — Souvenirs de Jean Bouhier. — Bibliothèque des mémoires, extraits, notices.

770. LARCHEY (Lorédan). Origines de l'Artillerie française. Planches autographiées d'après les monuments du xive et du xve siècle, avec introduction, table et texte descriptif. *Paris*, 1863, in-4, br. couv. imp.

771. LARCHEY (Lorédan). 6 volumes in-12, br. couv. imp.

Gens singuliers, 1867. — Les Excentricités du langage, 1865, eau-forte. — Dictionnaire des noms, 1880. — Les Suites d'une Capitulation, relations des captifs de Baylen, 1884.— Nos vieux Proverbes, avec un commentaire plein d'histoires récréatives et 74 gravures, 1887. — Les Joueurs de mots, 1867.
Envois d'auteur.

772. LARCHEY (Lorédan). Documents pour servir à l'histoire de nos mœurs. *Paris*, 1868-74, 12 volumes in-32, br. couv. imp.

773. LARCHEY (Lorédan). Journal de marche du sergent Fricasse. Les Cahiers du capitaine Coignet. *Paris, Hachette*, 1882-83, 2 vol. in-12, fig. couv. imp.

Premières éditions.

774. LEGRAND (Pierre). Le Bourgeois de Lille, esquisses locales. *Lille*, 1851, in-12, portrait, cart. non rog. — Notice historique sur les Sociétés chorales et autres réunions musicales de Lille, par Debuire. *Lille*, 1858, in-18, br. couv. imp.

775. LE MAIRE (Jean). Les Illustrations de Gaule ; Singularitez de Troyes ; Avec les deux épistres de Lamant Uert. *Imprimé à Paris au moys de juillet, l'an 1516, pour maistre Jan Lemaire, par Geoffroy des Marnef*, in-4, goth. v. f.

776. LEVALLOIS (Jules). Autour de Paris, promenades historiques. *Tours, Mame*, 1884, in-8, fig., br. couv. imp.

777. LIGNE (Prince de). Œuvres précédées d'une introduction par Albert Lacroix. *Bruxelles*, 1860, 4 vol. in-12, br. couv. imp.

778. LISZT. Des Bohémiens et de leur musique en Hongrie. *Paris*, 1859, in-12, br. couv. imp.

Première édition.

779. LITTÉRATEURS DIVERS. *Théodore de Banville, Emmanuel des Essarts, Prarond, Fertiault, Piedagnel, Jean Wallon,* etc., 12 volumes in-12, br. couv. imp.

> Chaque volume porte un envoi d'auteur à Champfleury.

780. LITTÉRATEURS DIVERS. *Théodore de Banville, Auguste Barbier, Ernest d'Hervilly, Chesneau, Paul Arène,* etc., 12 volumes in-12, br. couv. imp.

> Chaque volume porte un envoi d'auteur à Champfleury.

781. LITTÉRATURE ÉTRANGÈRE. 9 volumes in-8 et in-12.

> Léonard et Gertrude, avec 12 estampes par Chodoviecki. Berlin, 1783, in-12, cart. — Ondine, traduit de l'Allemand. 1834, in-12, portr.-cart. — Théâtre de Lope de Véga. 1850, 2 vol. in-12, br. couv. imp. — Poésies complètes de Robert Burns. 1843, in-12, cart. — Burns, avec préface. 1874, in-12, eau-forte, br. couv. imp. — Johan Nas, par Baron Ernouf. In-8, cart. — Etude sur la vie et les œuvres de Lope de Véga, par Lafond. 1857, in-12, br. couv. — Les Romanciers grecs et latins, par Chauvin. 1862, in-12, br. couv.

782. LITTÉRATEURS ÉTRANGERS. 9 volumes ou brochures in-8.

> Joseph Addison ou un atique en Angleterre, par de Grisy, 1873. — Adalbert de Chamisso, sa vie, ses œuvres, ses amis, etc., par Farchi, 1877. — Charles Lamb. De l'humour littéraire en Angleterre, par Dépret, 1877. — Charles Dickens, par Milsand, etc., etc.

783. LUTHER. Pamphlet (en allemand). *Wittemberg*, 1523, in-8, fig., cart.

784. LUTHER (Martin). Les Propos de Table, revus sur les éditions originales. *Paris, Garnier*, 1844, in-12, cart. couv. imp. — Les Libres-Prêcheurs, devanciers de Luther et de Rabelais, par Antony Meray. *Paris*, 1860, in-12, papier vergé, br. couv. imp.

785. MAINDRON (Ernest). Les Affiches illustrées, ouvrage orné de 20 chromolithographies, par Jules Chéret. *Paris, Launette*, 1886, in-4, br. couv. imp.

786. MALASSIS (P.). Les Ex-Libris français, depuis leur origine jùsqu'à nos jours, nouvelle édition revue, très augmentée et ornée de 24 planches. *Paris*, 1875, in-8, papier vergé, br. couv. imp.

> Envoi d'auteur.

787. MALASSIS (Publications de P.). 8 volumes ou brochures in-8 et in-12, br. couv. imp.

> Papiers secrets et Correspondance du Second Empire, 1871. — Le Portrait de Mérimée tour à tour en femme et en homme. 1876, portr. — La Querelle des Bouffons, 1876. — Louis XV et Madame de Pompadour, 1876. — Théâtre de Marivaux. Bibliographie des éditions originales, 1876. — Conversations du Jour de l'an, chez Madame Du Deffand, 1877. — Lettre sur le roman intitulé Justine, 1877, — Ecrits et Pamphlets de Rivarol, 1877. — Aventures de l'abbé de Choissy habillé en femme avec un avant-propos. *Paris*, 1870, in-12, br. non rog.

788. MAZE-SENCIER. Le Livre des Collectionneurs, les Ebénistes, les Tabatières, les Ciseleurs-Bronziers, les Autographes, les Timbres-Poste, etc. *Paris, Renouard*, 1885, in-8, fig. br. couv. imp.

> Envoi d'auteur.

789. MIDOUX et MATTON. Etude sur les filigranes des papiers employés en France aux xiv° et xv° siècles, accompagnés de 600 dessins lithographiés. *Paris*, 1868, in-8, cart. non rog. couv. imp.

790. MONNIER (Henry). Scènes populaires, dessinées à la plume, deuxième édition. *Paris, Vavasseur*, 1830, in-18, eaux-fortes, cart.

> Le véritable lieu de publication est Bruxelles. Un ami d'Henry Monnier, Verboeckoven, le célèbre peintre d'animaux, entreprit de reproduire à l'eau-forte les lithographies à la plume de l'édition originale publiée à Paris par le caricaturiste.

·791. MONNIER (Henry). Scènes populaires, dessinées à la plume, deuxième édition, augmentée de deux scènes et de deux vignettes. *Paris, Levavasseur*, 1831, in-8, fig. cart.

> Frontispice M. Prudhomme gravé sur bois. La portière, gravée sur bois sur le titre. Six lithographies à la plume d'Henry Monnier, hors texte.

792. MONNIER (Henry). Scènes populaires, dessinées à la plume, quatrième édition. *Paris, Dumont,* 1836-1839, 4 vol. in-8, vignettes, br. couv. imp.

> Les deux premiers volumes renferment 18 vignettes dans le texte, gravées par Andrew, Leloir et Clara Lacoste ; les deux derniers volumes contiennent 4 gravures en bonne page et 3 dans le texte, gravées par Gérard, le graveur qui comprit le mieux la manière du dessinateur.

Henry Monnier

793. MONNIER (Henry). Scènes de la Ville et de la Campagne, avec vignettes sur bois, gravées par Gérard. *Paris, Dumont,* 1841, 2 vol. in-8, br. non rog.

> Première édition, chaque scène est précédée d'une vignette hors page, sauf le *Premier de l'an* qui en contient deux : Ensemble 7 vignettes.

794. MONNIER (Henry). Quintessence de l'économie politique transcendante, etc. *Paris, Dutertre,* 1842, in-18, fig., cart. couv. imp. — La Partie de Campagne dans la cuisine. *Extrait,* in-8, fig., br. non rog. — Les Mécontens. *Extrait,* in-8, fig. cart. non rog.

795. MONNIER (Henry). Les Bourgeois de Paris, scènes comiques *Paris*, 1854, in-12, cart. non rog. couv. imp.

Envoi d'auteur.

Croquis d'après nature
Par Henry Monnier.

796. MONNIER (Henry). La Religion des Imbéciles. *Paris, Hetzel,* s. d., in-12, cart. non rog. couv. imp. — Grandeur et décadence de M. Joseph Prudhomme, comédie. *Paris, s. d.,* in-4, fig. de H. Monnier, cart. — Paris et la Province. *Paris,* 1866, in-12, br. couv. imp.

797. MONNIER (Henry). Scènes populaires, dessinées à la plume. *Paris,* 1864, in-8, fig., dos et coins mar. bl., tête dor.

70 gravures sur bois dans le texte gravées par Chevauchet. Sur le verso du faux-titre, fac-similé de la signature de Monsieur Prudhomme. Portrait d'Henry Monnier sur le titre.

798. MONNIER (Henry). Les Bas-Fonds de la Société. *Paris, Clay, imprimeur, s. d.,* in-8, br. non rog.

Ce volume, qui fut imprimé par autorisation spéciale sous le Second Empire et tiré à petit nombre, contient quelques scènes déjà publiées et d'autres inédites qui nécessitaient la vente sous le manteau. Sur le faux-titre, ex-dono au crayon, « à mon ami Champfleury, Henry Monnier. » On a ajouté un frontispice à l'eau-forte de Chauvet

799. MONNIER (Henry). Les Bas-Fonds de la Société, avec 8 dessins à la plume, *s. l. n. d.* in-18, br. couv. imp.

> Edition minuscule, tirée à 64 exemplaires sur papier de Hollande et ornée de 8 dessins à la plume, par Félicien Raps.
> Réimpression faite en Belgique.

Croquis d'après nature
Par Henry Monnier.

800. MONNIER (Henry). Scènes populaires, dessinées à la plume. *Paris, Dentu,* 1879, 2 vol. in-8. — Henry Monnier, sa vie, son œuvre, avec un catalogue complet de l'Œuvre et cent gravures fac-similé, par Champfleury. *Paris,* 1879. Ensemble 3 vol. in-8, br. couv. imp.

> Edition des *Scènes populaires* la plus complète jusqu'à ce jour, augmentée de 35 vignettes nouvelles.

801. MONNIER (Henry). Œuvres posthumes. Scènes inédites et 17 dessins sur bois. Extraits de journaux, montés in-4, cart.

802. MONSELET (Ch.). Rétif de la Bretonne, sa vie et ses amours, etc. *Paris, Alvarès,* 1854, in-12, papier vergé, portrait, cart. non rog.

> Envoi d'auteur.

803. MONSELET (Charles). La Lorgnette littéraire, Dictionnaire des grands et des petits auteurs de mon temps. *Paris, P. Malassis*, 1859, in-12, br. couv. imp.

804. MONSELET (Charles). Les Tréteaux, avec un frontispice, dessiné et gravé par Bracquemond. *Paris, P. Malassis*, 1859, in-12, br. couv. imp.

805. MONSELET (Charles). Théâtre du Figaro, avec un rideau dessiné par Voillemot. *Paris*, 1861, in-12, br. couv. imp.

> Sur le faux-titre, note autographe de Champfleury.

806. MONSELET (Charles). Petits Mémoires littéraires. *Paris*, 1885, in-12, br. couv. imp.

> Première édition, envoi d'auteur.

807. MUSIQUE. 8 volumes ou brochures, in-8.

> La Fourchette harmonique, par Heulhard, 1873. — La Corporation des Ménétriers, par D'Auriac, 1880. — L'Œuvre et la Mission de ma vie, par Richard Wagner, 1884. — Instruments de musique au Moyen-âge, d'après les vitraux de la cathédrale de Laon, 8 planches. — La Musique en Lorraine, par Jacquot. — Biographie de Beethoven, par Schindler. — De la musique à Nantes, par Mellinet. *Nantes*, 1837, etc.

808. NADAR. Mémoires du Géant. *Paris*, 1864, in-12, papier de Hollande, br. couv. imp.

> Envoi d'auteur : A mon vieux camarade Chien fleury (dit Champ Caillou).

809. NUMISMATIQUE. 3 vol. et 1 br. in-4 et in-8.

> Souvenirs numismatiques de la Révolution de 1848. Recueil complet des médailles, monnaies et jetons qui ont paru en France, depuis le 24 février jusqu'au 20 décembre 1848, in-4, cart. planches. — Nouvel essai d'interprétation et de classification des monnaies de la Gaule, par Fillioux, 1867, in-8, 6 planches. — Histoire métallique de Charleroi, par Bastelaer. *Mons*, 1871, in-8, planches. — Notes sur deux médailles satiriques, attribuées aux protestants, par Villiers. fig.

810. PAPIERS DE FANTAISIE. Echantillons de papiers de couleur, de diverses fabriques françaises et étrangères, 1750 à nos jours (environ 300 feuilles).

Collection importante formée par Chamfleury, qui avait l'intention de publier une *Histoire du papier*.

811. PARIS. 9 volumes. in-12.

Gillaume-le-Franc-Parleur, par Jouy, 2 vol. fig., 1815. — Sainte-Périne. Souvenirs contemporains, par Valéry, 1826. — Paris inconnu, par Privat d'Anglemont, 1854. — Guide des Rues et Monuments de Paris, par Lock, 1855. — Tableau de Paris, par Mercier, 1853. — La Vie à grande guide, par Maurel, dessins de Hadol, 1869. — Les Publications de la Rue, pendant le Siège et la Commune, 1874. — La Butte des Moulins, par Moura. — A Travers le Palais, hommes et choses judiciaires, par Dalsème, 1881.

812. PARIS. 7 volumes in-8 et in-12.

Paris-Illustré, nouveau guide du voyageur, 280 vignettes, 1855. — Paris-Guide par les principaux écrivains et artistes de la France. 1867, 2 vol., fig. — Le Service de la sûreté, par Macé, 1885. — Mémoires d'un Condamné ou la vie de Collet. 1836, portrait. — Vidocq, Vie et Aventures, 1861. — La Prostitution, par Yves Guyot, 1882.

813. PARIS (Paulin). Les Aventures de Maître Renart, etc., suivies de nouvelles recherches sur le Roman du Renart. *Paris*, 1861, in-12, br. couv. imp.

814. PERROT. La Promenade du pont de bateaux, réimpression avec réponses inédites, avec une introduction et frontispice à l'eau-forte, par J. Adeline. *Rouen*, 1881, in-8, dans un cart. couv. imp.

815. PHYSIONOMIE (Sur la). 6 volumes ou brochures.

Lettres philosophiques sur les physionomies. *La Haye*, 1748, in-12, fig., cart. — Traité sur la Physionomie, par le Sophiste Adamantius. *Paris*, s. d., in-12, cart. — Dictionnaire de Phrénélogie et de Physionomie, par Thoré. *Paris*, 1836, in-12, figures, cart. — Procédé pour mesurer la tête humaine et méthode pour prendre les signalements, par Lachaisné. *Paris*, 1846, in-8, fig., br. couv. imp. — Esquisse de physiognomonie, par Léger. *Paris*, 1856, in-8, cart. — Comment on connait l'homme et la femme. *Montpellier*, s. d., in-12, br. couv. imp.

816. PICHOT. Le Jardin d'Acclimatation illustré, animaux et plantes, ouvrage contenant 12 planches gravées sur acier et coloriées à la main, 28 planches tirées en noir, etc. *Paris*, 1873, in-8, cart. de l'éditeur, non rog.

817. RÉGIS. Les Cris populaires de Marseille, locutions, apostrophes, injures, etc., Cris des marchands dans les rues, recueillis, par Régis de la Colombière. *Marseille*, 1868, in-8, br. couv. imp.

818. RIRE (Sur le). 7 volumes in-8 et in-12.

Traité des causes physiques et morales du Rire. *Amsterdam*, 1768, br. — De la Gaieté. *Paris*, 1762, dem. rel. — Philosophie du Rire, par Scudo. *Paris*, 1840, in-12, cart. non rog. couv. imp. — Des Causes du Rire, par Léon Dumont. 1862, in-8, couv. imp. — De l'Esprit comique du Rire, par Philbert. *Paris*, 1876, in-8, br. couv. imp. — Le Rire dans la vie et dans l'art, par Courdaveaux. *Paris*, 1875, in-12, br. couv. imp.—Sur le Sérieux et le Comique, par Vischer. *Stuttgart*, 1837, in-8, cart. (*en allemand*).

819. ROBERT. Fables inédites des xiie, xiiie et xive siècles et Fables de la Fontaine, ornées d'un portrait de La Fontaine, de 90 gravures et de 4 fac-similés. *Paris*, 1823, 2 vol. in-8, dem.-rel. mar. vert, tête dor.

820. SAINT-CLOUD, MEUDON, etc., 17 volumes ou brochures, in-8 et in-12.

Notice des Peintures et Sculptures placées dans les appartements du palais de Saint-Cloud, 1841. — Pèlerinage de Saint-Cloud, par l'abbé Ozanam, 1863. — Saint-Cloud, son histoire. 1871, fig.—Le Château de Saint-Cloud, son histoire, par Vachon. — Le Bataillon d'honneur de Versailles, Saint-Cloud, pendant la guerre, 1881. — Les Châteaux de Saint-Germain et Saint-Cloud, figures. — Le Château de Saint-Cloud, son incendie, par Vachon. — Le Palais de Cristal français. — Dictionnaire des anciens noms de Communes de Seine-et-Oise, par Cocheris, 1874. — Histoire et description de la Commune de Meudon, par Robert, 1843, etc.

821. SCHANNE (Alexandre). Souvenirs de Schaunard, édition ornée de deux portraits. *Paris*, 1887, in-12, br. couv. imp.

Première édition, envoi d'auteur.

822. SÈVRES. 7 brochures ou placards.

> Vente de Maisons et Terrains à Pierre Grandjon, ordinaire de la musique du Roy, 4 juillet 1676. — Les Plaisirs de Sèvres, par Vaubertrand. — Etoile populaire, par un Electeur de Sèvres. — Question du Cimetière. — Actes et documents concernant le Cimetière, 1878. — A propos des élections, 1884. — Catalogue de l'exposition de la loterie de l'hospice de Sèvres.

823. SOCIÉTÉ DES GENS DE LETTRES. Note adressée aux membres par les commissaires du Banquet de mai 1864, *Paris*, 1865, 2 br. in-4, cart.

> Cette réforme de la Société des Gens de Lettres en ce qui touche plus particulièrement les questions administratives, me demanda au moins six semaines de courses à pied dans Paris.
> La première épreuve indiquait notre but aux divers membres.
> Diverses signatures ayant été recueillies, je les fis imprimer au bas de la seconde épreuve.
> Mais pour réunir les nombreux adhérents de la note définitive, que de courses, de paroles et de comédies!!
> Le plan réussit, non sans nombreux tiraillements qui durèrent deux ans et les ressources de la Société et des Sociétaires furent augmentées d'un bon tiers. (Note manuscrite de Champfleury.)

824. SOULAS (J.-B.). Physionomies littéraires et historiques, J. Janin, Gérard de Nerval, Sainte-Beuve, Mlle Mars, etc. *Montpellier*, 1855, in-18, dem.-rel. — A bas les Cuistres. *Paris*, 1859, in-18, cart. couv. imp.

825. TROUBAT (Jules). 4 volumes in-12 et 1 br. in-4, couv. imp.

> Plume et Pinceau, études de littérature et d'art, 1878. — Le Sergent Fricasse, 1882. — Le Blason de la Révolution, 1883. — Notes et Pensées, 1888. — Document nouveau sur Sébastien Bourdon, 1875. Envois d'auteur.

826. UJFALVY. Les Cuivres anciens du Cachemire. *Paris, Leroux*, 1883, in-8, fig., br. couv. imp.

> Envoi d'auteur.

827. VIOLLET-LE-DUC. Histoire d'un Hôtel de Ville et d'une Cathédrale. *Paris, Hetzel, s. d.*, in-8, fig. br. couv. imp. — His-

toire d'une maison. *Paris, Hetzel,* in-8, fig., cart. de l'éditeur, tr. dor. — Histoire de l'Habitation humaine, depuis les temps préhistoriques jusqu'à nos jours. *Paris, Hetzel, s. d.,* in-8, br. couv. imp.

Envoi d'auteur.

828. VOYAGES. 4 volumes in-8, br. couv. imp. et cart.

La Chine, description générale par Davis. 1837, 2 vol. — Une Ambassade française en Chine, par de Ferrière, 1855. — L'Afrique Occidentale, par Soleillet. *Avignon,* 1877 (Tiré à 100 exemplaires.)

829. YRIARTE (Charles). Paris grotesque. Les célébrités de la Rue, illustrations de L'Hernault, Lix, Montault, etc. *Paris,* 1864, in-8, br. couv. imp.

Envoi d'auteur.

CHAMPFLEURY

PREMIÈRES ÉDITIONS

I

Romans.

830. Les Oies de Noël. *Paris, Hachette*, 1853, in-12, dem.-rel. tête dor. non rog. couv. imp. — La Succession Le Camus, misères de la vie domestique. *Paris, Cadot*, 1858, in-12, cart. couv. imp. — Les amoureux de Sainte-Périne. *Paris, Librairie Nouvelle*, 1859, in-12, br. couv. imp.

831. Les Bourgeois de Molinchart. *Paris, Locard-Davi*, 1855, 3 vol. in-8, cart. couv. imp.

832. Monsieur de Boisdhyver. *Paris, Cadot*, 1857, 5 vol. in-8, cart. couv. imp.

833. La Mascarade de la Vie Parisienne. *Paris, Librairie Nouvelle*, 1860, in-12, br. couv. imp. — Les Demoiselles Tourangeau, journal d'un étudiant. La Princesse au rire de mouette, souvenir des Italiens. *Paris, Michel Lévy*, 1861, in-12, br. couv. imp. — Monsieur Tringle, avec une carte des événements. *Paris, Dentu*, 1866, in-12, dem.-rel. tête d'or. non rog. couv. imp.

834. La Comédie académique. La Belle Paule. *Paris, Lacroix, Verboeckhoven et Cie*, 1867, in-8, br. couv. imp. — Le même, in-12, br. couv. imp. — L'Avocat trouble-ménage. *Paris, Dentu*, 1870, in-12, cart. non rog. couv. imp. — Madame Eugénio. *Paris, Charpentier*, 1874, in-12, br. couv. imp.

835. Le Secret de M. Ladureau. *Paris, Dentu*, 1875, in-12, br. couv. imp.

> Papier de Hollande.

836. Le Secret de M. Ladureau. *Paris, Dentu*, 1875, in-12, br. couv. imp. — La Pasquette. *Paris, Charpentier*, 1876, in-12, br. couv. imp. — Contes de bonne humeur. La petite Rose. *Paris, Dentu*, 1877, in-12, cart. non rog. couv. imp. — Fanny Minoret. *Paris, Dentu*, 1882, in-12, br. couv. imp. — La Comédie de l'Apôtre. *Paris, Dentu*, 1886, in-12, br. couv. imp.

II

Contes et Nouvelles.

837. Chien-Caillou, fantaisies d'hiver. *Paris, Martinon*, 1847, in-12, br. couv. imp.

838. Pauvre Trompette, fantaisie de printemps. *Paris, Martinon*, 1847, in-12, cart. non rog. couv. imp.

839. Feu Miette, fantaisie d'été. *Paris, Martinon*, 1847, in-12, cart. non rog. couv. imp.

840. La Grande Pauline, ballade. *Laon, Imprimerie Edouard Fleury*, 1850, placard in-4 de 1 page.

> Composé et tiré par l'auteur à 20 exemplaires.

841. Contes vieux et nouveaux. *Paris, Michel Lévy*, 1852, in-12,
dem.-rel. dor. en tête, couv. imp. — Contes domestiques.
Paris, Lecou, 1852, in-12, dem.-rel. dor. en tête, couv. imp.
— Contes du printemps. Les Aventures de Mademoiselle Mariette. *Paris, Lecou*, 1853, dem.-rel. non rog. couv. imp. —
Contes d'été. Les Souffrances du professeur Delteil. Les Trios
de Chenizelles, etc. *Paris, Lecou*, 1853, in-12, dem.-rel. non
rog. couv. imp. — Contes d'automne. Le Chien des Musi-
ciens. Souvenirs des Funambules, etc. *Paris, Lecou*, 1854,
in-12, dem.-rel. non rog. couv. imp.

842. Les Deux Cabarets d'Auteuil. Un Inventeur de province.
Illustrations par Roux. *Paris, de Gonet, s. d.* (1855), in-18,
dem.-rel. couv. imp. — Simple histoire d'un Rentier et d'un
Lampiste. La Chanson du Beurre dans la Marmite. Illustrations
par Desbrosses. *Paris, Blanchard*, 1856, in-12, figures coloriées, cart. couv. imp. — Grandeur et Décadence d'une Serinette. Simple histoire d'un Rentier et d'un Lampiste. La Légende de Saint-Crépin le Cordonnier. La Chanson du Beurre
dans la Marmite. Illustrations par Desbrosses, 1857, in-12,
cart. non rog. — Les Premiers beaux Jours. *Paris, Michel
Lévy*, 1858, in-12, cart. couv. imp.

843. Les Amis de la Nature, avec un frontispice gravé par Bracquemond. *Paris. P. Malassis*, 1859, in-12, cart. couv. imp.

Papier de Hollande.

844. Les Sensations de M. Josquin. *Paris, Michel Lévy*, 1859,
in-12, br. couv. imp. — Les Amis de la Nature, avec un frontispice gravé par Bracquemond. *Paris, P. Malassis*, 1859. —
Le Violon de Faïence. *Paris, Hetzel, s. d.*, in-12, br. couv.
imp. — Ma Tante Péronne. *Paris, Faure*, 1867, in-12, br.
couv. imp. — Les Bons Contes font les bons Amis. Dessins
par Ed. Morin. *Paris, Truchy, s. d.*, in-8, cart. couv. imp.

845. Les Trouvailles de M. Bretoncel. *Paris, Dentu*, 1865, in-12 (*Ext. de : Les Plumes d'or*), br. couv. imp. — Le Café Victor. Scènes de la vie de province à la manière d'Henry Monnier. *Paris, Dentu*, 1879, in-12 (*Ext de : Contes de toutes les Couleurs*), br. couv. imp. — Notice biographique sur Max Buchon. *Paris, Sandoz*, 1878, in-12 (1er volume des poésies de Buchon), br. couv. imp. — Préface de l'Hôtel-Drouot, par Paul Eudel. *Paris, Charpentier*, 1885, in-12, br. couv. imp.

846. La Comédie académique, *Paris, Charpentier*, 1875, in-12, br. couv. imp. — Contes de bonne humeur. Surtout n'oublie pas ton Parapluie. *Paris, Dentu*, 1881, in-12, br. couv. imp. — Quatuor pittoresque, musique de Boisseau. *Paris, Hartmann*, 1879, in-8, fig. par Pille, cart. couv. imp. (*Envoi de Boisseau à Champfleury*).

III

Études diverses.

847. L'Hôtel des Commissaires-Priseurs. *Paris, Dentu*, 1867, in-12, vignettes, dem.-rel. avec coins, tête dor. non rog. couv. imp.

848. Les Chats, histoire, mœurs, observations, anecdotes, illustrés de 52 dessins par E. Delacroix, Viollet-le-Duc, Mérimée, Manet, Ribot, etc. *Paris, Rothschild*, 1869, in-12, br. couv. imp.

Papier de Hollande.

849. Les Oiseaux-Chanteurs des bois et des plaines, imité de l'allemand, préface de Champfleury, orné de vignettes. *Paris, Rothschild*, 1870, in-8, cart. non rog. couv. imp.

Exemplaire sur papier de Chine.

850. Les Oiseaux-Chanteurs des bois et des plaines, imité de l'allemand, introduction par Champfleury, orné de vignettes. *Paris, Rothschild*, 1870, in-8, br. couv. imp.

Les Chats, page 326.

851. Les Enfants, quatrième édition de luxe, avec 90 gravures noires, en couleur et eaux fortes, par Grafty, Ribot, Ch. Marchal, etc. *Paris, Rothschild*, 1873, in-8, br. couv. imp.

Exemplaire sur papier de Chine.

IV

Théâtre.

852. Pierrot, valet de la mort, pantomime en sept tableaux, *s. l. n. d. Paris, Imprimerie de Gerdès* (1846), in-18, cart.

853. Pierrot, valet de la mort, pantomime en sept tableaux. Copie manuscrit, in-8, br.

854. CHAMPFLEURY et MONNIER (Albert). La Reine des Carottes, pantomime fantastique en douze tableaux. *Paris, Dechaume,* 1848, in-8, br. non rog.

855. Les Trois filles à Cassandre, pantomime bourgeoise en huit tableaux. *Paris, Dechaume, s. d.,* in-8, br. non rog.

> Edition lithographiée, publiée vraisemblablement en mars 1849, peut-être distribuée pendant la représentation au théâtre des Funambules.

856. Les Trois filles à Cassandre, pantomime bourgeoise en huit tableaux. *Paris, Dechaume,* 1850, in-12, br. non rog.

857. Les Deux Pierrots, pantomime réglée par MM. Pierrot, Arlequin, Colombine, Cassandre et Polichinelle, avec prologue et épilogue de Champfleury. *Paris, Imprimerie Jules Juteau,* 1851, in-12, br. non rog.

858. CHAMPFLEURY et MIRECOURT (Eugène de). La Table Tournante, expérience de magnétisme en un acte, suivie d'une notice sur la manière de faire tourner les tables. *Paris, Librairie Théâtrale,* 1853, in-8, fig. br., non rog.

859. Souvenirs des Funambules. *Paris, Michel Lévy,* 1859, in-12, br. couv. imp.

860. Souvenirs des Funambules. *Paris,* 1859, in-12, br. couv. imp.
> Exemplaire avec corrections autographes.

861. La Pantomime de l'Avocat, en un tableau. *Paris, Librairie Centrale,* 1866, in-12, cart. couv. imp.

862. La Pantomime de l'Avocat, in-8, cart.
> Épreuves avec corrections autographes.

863. L'Apôtre, comédie. Copie manuscrite avec corrections autographes, in-4, cart.

864. L'Avocat Trouble-Ménage, comédie en trois actes, précédée d'un prologue, *s. l. n. d.* (*Laon, Imprimerie Ed. Housaye*), in-4, cart. non rog.

> Tiré à 15 exemplaires à l'état d'épreuves.

865. Pantomime de Gaspard et Charles Deburau, traduction par Emile Goby, préface de Champfleury. *Paris, Dentu,* 1889, in-8, portraits, br. couv. imp.

> Exemplaires sur papier du Japon.

866. Le Peintre ordinaire de Gaspard Deburau. *Paris, Imprimerie de l'Art,* 1889, in-8, portrait et fig. br., couv. imp.

V

Biographies et Portraits.

867. Variétés littéraires. H. de Balzac, étude variée, généralités de la Comédie humaine, le génie de M. de Balzac, par Armand Baschet, avec notes historiques, par Champfleury. *Paris, Blosse,* 1851, in-8, cart. non rog. couv. imp. — Les Physionomies littéraires de ce temps. Honoré de Balzac, essai sur l'homme et sur l'œuvre, par Armand Baschet, avec notes historiques, par Champfleury. *Paris, Giraud et Dagneau,* 1852, in-12, dem.-rel. tête dor. non rog. couv. imp.

868. Les Excentriques. *Paris, Michel Lévy,* 1852, in-12, cart. couv. imp.

869. Essai sur la vie et l'œuvre des Le Nain, peintres Laonnois. *Laon, Fleury,* 1850, br. in-8, portrait, cart. non rog. couv. imp. — Les Peintres de la réalité sous Louis XIII. Les Frères Le Nain. *Paris, Renouard,* 1862, in-8, dem.-rel. dos et coins

mar., tête dor. non rog. couv. imp. — Catalogue des tableaux des Le Nain qui ont passé dans les ventes publiques de l'année 1755 à 1853. *Bruxelles, Labroue*, 1861, br. in-8, cart. non rog. — Documents positifs sur la vie des frères Le Nain. *Paris*, 1865, in-8, dem.-rel. dos et coins, mar. tête dor. non rog.

870. Les Peintres de Laon et de Saint-Quentin. De La Tour. *Paris, Didron*, 1855, in-8, dem.-rel., non rog. couv. imp.

871. Contes posthumes d'Hoffmann. *Paris, Michel Lévy*, 1856, in-12, dem.-rel. non rog. couv. imp.

> On a ajouté le fac-similé d'un portrait d'Hoffmann dessiné par lui-même, tiré à 20 exemplaires.

872. Bibliographie des Œuvres d'Hoffmann, *s. l. n. d.*, in-12 de 7 pages numérotées de 317 à 323 et 1 portrait hors texte, d'Hoffmann gravé sur bois, fac-simile. — Premier duo, etc., édité par Champfleury, *s. l. n. d.*, in-12, 10 pages.

> D'après une note de Champfleury ces plaquettes et le portrait ont été imprimés et tirés à 20 exemplaires.

873. Richard Wagner. *Paris, Librairie Nouvelle*, 1860, br. in-8, couv. imp.

874. Grandes figures d'hier et d'aujourd'hui, avec quatre portraits gravés à l'eau-forte par Bracquemond. *Paris*, 1861, in-12, br. couv. imp.

> Papier de Hollande.

875. La Caricature moderne. H. Daumier (*Extrait de la Nouvelle Revue de Paris*, 1865), in-8, br. — Exposition des peintures et dessins de H. Daumier, notice biographique par Champfleury. *Paris, Gauthier-Villars*, 1878, in-8, portr., cart. non rog. couv. imp.

876. Souvenirs et portraits de jeunesse. *Paris, Dentu*, 1872, in-12, br. couv. imp.

877. LA FIZELIÈRE et HENRIET. La Vie et l'Œuvre de Chintreuil, 40 eaux-fortes par Martial, Lalauze, Taiée, etc. *Paris*, 1874, in-4, cart.

878. Balzac propriétaire, avec plan des Jardies et autographe. *Paris*, 1875, in-18, papier de Hollande. — Balzac au collège, avec une vue dessinée d'après nature par Queyroy. *Paris, Patay*, 1878, in-18, br. couv. imp. — Balzac, sa méthode de travail, étude d'après ses manuscrits. *Paris, Patay*, 1879, in-18, br. couv. imp. — Le Père de Balzac (*Extrait de la Nouvelle Revue*, 25 mai 1881), in-8, br.

879. Le Père de Balzac (*Extrait de la Nouvelle Revue*).

Corrections autographes.

880. Henry Monnier, sa vie, son œuvre avec un catalogue complet de l'œuvre, et cent gravures fac-similé. *Paris, Dentu*, 1879, in-8, br. couv. imp.

881. Henry Monnier, sa vie, son œuvre, etc. Tirage à part des gravures, hors et dans le texte, en couleur sur Chine, etc. 137 pièces.

882. Notice sur Henry Monnier pour la vente de tableaux offerts par les artistes. *Paris, Claye*, 1875, in-8, br. couv. imp. — Henry Monnier. Discours prononcés à ses obsèques par Champfleury, au nom de la Société des Gens de Lettres, par Jules Claretie, au nom de la Société des Auteurs dramatiques. *Paris, Imp. Fillion*, 1877, in-8, 4 pages. — Succession Henry Monnier. Vente de dessins et aquarelles. Notice en tête du catalogue. *Paris, Imp. Claye*, 1874, in-8, br. couv. imp. 10 photographies d'après Henry Monnier ajoutées.

883. Les Protecteurs des lettres au xix° siècle. Pick de l'Isère. (*Ext. du. Livre*), 1883, in-8, fig., br.

Croquis d'après nature.
Par Henry Monnier.

884. Le Drame amoureux de Célestin Nanteuil, d'après des lettres inédites adressées à Marie Dorval, avec un portrait d'Alp. Karr, dessiné au crayon par C. Nanteuil. *Paris, Dentu*, 1887, br. in-8, cart. couv. imp.

VI

Erudition, Critique.

885. CHAMPFLEURY et BAUDELAIRE. Le Salut public, 27 février 1848, 2 numéros in-4, cart. non rog.

Le Numéro 2 est orné d'une vignette par Courbet.

886. Gazette de Champfleury, paraissant le 1er de chaque mois. *Paris, Blanchard*, novembre et décembre 1856, 2 nos in-18, br. couv. imp.

887. Le Réalisme. *Paris, Michel Lévy*, 1857, in-12, cart. non rog. couv. imp.

888. Chansons populaires de France, notices par Champfleury, illustrations par Bida, Bracquemond, Courbet, Ed. Morin, etc. *Paris, Librairie nouvelle*, 1860, in-8, dem.-rel.

889. Bulletin des Romanciers. Prospectus. *Paris, Imprimerie de la Librairie nouvelle*, 1860, in-8, 4 pages. — La Caricature depuis les temps les plus reculés jusqu'à nos jours, avec le concours des principaux écrivains de la France et de l'Étranger, *Paris, Imprimerie Claye*, in-4, 4 pages. Prospectus. — La Société des Gens de Lettres de l'Avenir. *Paris, Imprimerie Vallée*, 1864, in-12, cart. non rog. couv. imp. — L'Imagerie nouvelle, numéro spécimen. *Paris, Imprimerie P. Dupont, s d.*, in-8, fig. — Essai de bibliographie céramique. *Tirage à part de l'Art*, 1877, in-4, 8 pages. — Les Vignettes romantiques. Prospectus, in-4, 4 pages, fig.

890. De la littérature populaire en France. Recherches sur les origines et les variations de la légende du Bonhomme Misère. *Paris, P. Malassis*, 1861, in-8, cart. non rog. couv.

891. Recherches sur les origines et les variations de la légende du Bonhomme Misère. *Paris, P. Malassis*, 1861, in-8, cart.
     Exemplaire d'épreuves avec corrections autographes.

892. Histoire de la Caricature antique. *Paris, Dentu* (1865). — Histoire de la Caricature moderne. *Paris, Dentu* (1865). En 2 vol, in-12, figures, rel. mar. pl. non rog. tête dor. couv. imp.
     Papier Chamois.

893. Histoire de la Caricature au moyen âge. *Paris, Dentu*, 1872.— Sous la République, l'Empire et la Restauration. *Paris, Dentu*, 1874. — Sous la Réforme et la Ligue, Louis XIII à Louis XVI. *Paris, Dentu*, 1880. Ensemble 3 vol. in-12, br. couv. imp.
     Papier de Hollande.

894.   De quelques monuments inédits de la Caricature antique.
Lettre à M. Mérimée. *Paris, Imprimerie Claye,* 1869, in-8,
figures, papier vergé, br. couv. imp.

Lettre autographe de Mérimée à Champfleury ajoutée.

Caricature antique.

895. Recueil factice d'Articles publiés dans la presse française et
étrangère, sur les ouvrages de Champfleury traitant de la *Caricature* (principalement la Caricature antique) 1865-1868.
1 vol. in-8, dem. rel.

Annotations manuscrites de Champfleury.

896. Notes inédites pour l'Histoire de la Caricature, Antiquité,
Moyen âge, Renaissance. in-12, fig.

897. Notes inédites pour l'Histoire de la Caricature, xviiᵉ au
xixᵉ siècle. Étrangers, in-12, dans un carton.

898. Histoire des Faïences sous la Révolution. *Paris, Dentu,* 1867,
in-8, fig., dem.-rel., tête dor. non rog. couv. imp. (*Première édition*). — Troisième édition, avec gravures et marques nouvelles. *Paris, Dentu,* 1875, in-12, cart. couv. imp.

899. Cabinet de M. Champfleury. Faïences historiques, Royauté, Révolution, Empire, Restauration, Gouvernement constitutionnel. *Paris*, 1868, in-8, fig., cart. non rog. couv. imp.

> Tiré à petit nombre.

900. Histoire de l'Imagerie populaire. *Paris, Dentu*, 1869, in-12, fig., cart. non rog. couv. imp. (*Première édition*). — Nouvelle édition, revue et augmentée. *Paris, Dentu*, 1846, in-12, fig., br. couv. imp.

901. Catalogue de l'Œuvre lithographié et gravé de H. Daumier, avec une eau-forte inédite. *Paris, Librairie Parisienne*, 1878, in-4, br. couv. imp.

902. Catalogue de l'Œuvre lithographié et gravé de H. Daumier, avec une eau-forte inédite. *Paris, Librairie Parisienne*, 1878, in-4, cart. couv. imp.

> Exemplaire préparé pour une seconde édition, avec notes autographes.

Vignette de Daumier.

903 Bibliographie céramique, nomenclature analytique de toutes
les publications faites en Europe et en Orient sur les arts et
l'industrie céramique, depuis le XVIᵉ siècle jusqu'à nos jours.
Paris, Quantin, 1881, in-8, br. couv. imp.

Exemplaire papier de Hollande.

904. Guide du Visiteur à la Manufacture nationale de Porcelaine
de Sèvres. *Paris, Mourgues,* 1872, in-12, cart. non rog. couv.
imp. — Le même, 1874, in-12, papier fort, br. couv. imp.—
Le baron Charles Davillier et ses collections céramiques lé-
guées par lui au Musée de Sèvres. *Paris, Rouam,* 1884, in-4.
Tiré à 50 exemplaires. (Envoi autographe à Mᵐᵉ la Baronne
Davillier). — Histoire et description des trésors d'art de la
Manufacture de Sèvres. *Paris, Plon* (1886), in-4, br. couv.
imp.—Une Mosaïque de faïence au musée de Sèvres. *Coulom-
miers, Imprimerie Brodard,* 1887, in-4, 5 pages. (*Tirage à
part de la Revue des Arts décoratifs.*)

905. Les Vignettes romantiques, histoire de la Littérature et de
l'Art 1825-1840, 150 vignettes par C. Nanteuil, T. Johannot,
Gigoux, etc. *Paris, Dentu,* 1883, in-4, papier teinté, br. couv.
imp.

906. Les Vignettes romantiques. 102 fumés sur Chine volant,
montés sur papier fort.

907. Un tableau d'Artus Van Leyden (*Extrait de la Chronique
des Arts*), 1868, in-8, br. (Feuillet remonté, avec notes autographes). — Correspondance inédite de Laclos et de Mᵐᵉ Riccobini (*Ext. de la Nouvelle Revue de Paris*), 1864, in-8, br.—
Eugène Delacroix, conspirateur (*Extrait de la Revue de Paris*),
1864, in-8, br.—Éloge de la Folie d'Erasme (*Extrait de la Gazette des Beaux-Arts*), 1872, in-8, br. — La Danse des Morts
(*Extrait*), avec corrections autographes.

Vignette de J. Granville.
Pour *Toussaint le Mulâtre*, d'Anthony Thouret (1834).

VII

Nouvelles éditions.

908. Les Comédiens de province, Les Noirau. Les Confessions de
Sylvius, illustrées de jolies vignettes par Ed. Frère. *Paris,*
Bry, 1850, gr. in-8, cart. non rog. couv. imp. — Les Grands
Hommes du Ruisseau. *Paris, Michel Lévy,* 1855, in-8, vignette,
cart. non rog. couv. imp.

909. Les Excentriques, deuxième édition. *Paris, Michel Lévy*, 1855, in-12, cart. couv. imp.

910. Les Bourgeois de Molinchart, deuxième édition. *Paris, Librairie nouvelle*, 1855, in-12, cart. couv. imp. — Troisième édition, *Paris, Librairie nouvelle*, 1856, in-12, dem. rel. — Nouvelle édition. *Paris, Michel Lévy*, 1859, in-12, cart. couv. imp. — Nouvelle édition. *Paris, Dentu*, 1877, in-12, cart. couv. imp.

911. Contes choisis. Les Quatuors de l'île St-Louis. Chien-Caillou. Grandeur et Décadence d'une Serinette. 1855. — Monsieur de Boisdhyver. 1857, 3 vol. — La Bohême amoureuse. Confessions de Sylvius, 1857. — Les Propos amoureux, 1857. — Histoire de Richard Loyauté et de la belle Soubise, 1857. *Bruxelles, Collection Hetzel*, ensemble 7 vol. in-18, demi.-rel., non rog. couv. imp.

912. Souvenirs des Funambules. *Paris, Michel Lévy*, 1859, in-12, 4 eaux-fortes de Legros ajoutées, cart. non rog.

913. Les Souffrances du professeur Delteil. *Paris, Michel Lévy*, 1857, in-12, cart. non rog. couv. imp.

914. Les Souffrances du professeur Delteil, avec quatre eaux-fortes, dessinées et gravées par Cham. *Paris, P.-Malassis*, 1861, in-12, br. couv. imp.
Exemplaire sur papier de Hollande.

915. Les Souffrances du professeur Delteil. *Paris, P. Malassis*, 1861, in-12, cart. non rog., manque le titre,
Exemplaire d'épreuves avec corrections autographes.

916. Les Souffrances du professeur Delteil, dessins par Crafty. *Paris, Rothschild*, 1870, in-8, cart. non rog. couv. imp.
Exemplaire sur papier de Chine.

917. Les Souffrances du professeur Delteil, dessins de Crafty. 1870, in-8, br. couv. imp.

918. Naughty boys or the sufferings of M. Delteil. *Edinburgh, Thomas Constable*, 1855, in-12, fig., cart. de l'éditeur non rog.

919. La Succession Le Camus, frontispice dessiné et gravé par François Bonvin. *Paris, P. Malassis*, 1860, in-12, cart. non rog. couv. imp.

Exemplaire sur papier de Hollande.

920. La Succession Le Camus. *La Haye, Collection Hetzel*, 1857, 2 vol. in-32, dem.-rel. couv. imp. — Nouvelle édition. *Paris, Michel Lévy*, 1863, in-12, cart. couv. imp. — Nouvelle édition. *Paris, Plon, s. d.*, in-12, cart. couv, imp.

921. Monsieur de Boisdhyver, avec quatre eaux-fortes dessinées et gravées, par Armand Gautier. *Paris, P.-Malassis*, 1860, in-12, cart. non rog. couv. imp.

Exemplaire sur papier de Hollande.

922. Monsieur de Boisdhyver. *Leipzig, Gérhard*, 1856, 2 vol. in-18, dem.-rel. couv. imp. — Le même, nouvelle édition. *Paris, Charpentier*, 1876, in-12, cart. couv. imp. — Contes d'Été. *Bruxelles*, 1853, 2 vol. in-18, dem.-rel. — Madame d'Aigrizelles. *Bruxelles, Lebègue*, 1854, in-18, dem.-rel. couv. imp. — Les Oies de Noël. *Bruxelles, Méline*, 1853, in-18, dem.-rel. couv. imp.

923. Les Aventures de Mademoiselle Mariette, avec quatre eaux-fortes dessinées et gravées par Morin. *Paris, P. Malassis*, 1862, in-12, br. couv. imp.

924. Les Aventures de Mademoiselle Mariette, contes de Printemps, deuxième édition. *Paris, Hachette*, 1856, in-12, dem.-rel. couv. imp. — Sixième édition. *Paris, Charpentier*, 1874, in-12, cart. couv. imp. — Nouvelle édition, *Paris, Dentu*, 1879, in-12, cart. couv. imp.

925. Les Amis de la Nature. — La Succession Le Camus. — Grandes figures d'hier et d'aujourd'hui. *Paris, P. Malassis*, 1859-1861. Ensemble 3 vol. in-12, br. couv. imp. (manquent les eaux-fortes).

926. Histoire de la Caricature antique, seconde édition très augmentée, 1867. — Troisième édition, très augmentée, 1879. — Caricature moderne, deuxième édition, 1872. — Troisième édition, 1885. — Caricature au moyen âge, première édition, 1872. — Deuxième édition, 1876. — Caricature sous la République, l'Empire et la Restauration, deuxième édition, 1877. — Caricature sous la Réforme et la Ligue, première édition, 1880. — Le Musée secret de la Caricature, première édition, 1888. *Paris, Dentu*, 1872-1888, ensemble 9 vol. in-12, br. couv. imp.

927. Les Chats, histoire, mœurs, observations, anecdotes, illustré de 52 dessins, troisième édition. *Paris, Rothschild*, 1869, in-12, tr. dor. cart. de l'éditeur.

928. Les Chats, histoire, mœurs, observations, anecdotes, illustré de 80 dessins par Eugène Delacroix, Viollet-le-Duc, Mérimée, etc., quatrième édition considérablement augmentée. *Paris, Rothschild*, 1870, in-8, cart. non rog. couv. imp.
Un des 18 exemplaires sur papier de Chine.

929. Les Chats, histoire, mœurs, observations, anecdotes, orné de 80 dessins, quatrième édition très augmentée. *Paris, Rothschild*, 1870, in-12, br. couv. imp.

930. Les Chats, cinquième édition, augmentée de planches en couleur et eaux-fortes. *Paris, Rothschild*, 1870, in-8, br. couv. imp.

Projet d'illustration
Pour le livre sur les *Chats*

931. The cat, vith supplementary notes by Cashel Hoey, and numerous illustrations. *London, George Bell,* 1885, in-12, fig., cart. de l'éditeur, non rog.

932. Documents sur les Chats :
Notes diverses recueillies par Champfleury. — Correspondance.— Epreuves.— Texte et dessins. — Dessins originaux. — Photographies. — Gravures et projets de gravures. — Dessins inédits.— Portraits photographies des Chats célèbres. — Nouvelles études sur les chats, etc., etc.

933. L'Avocat Trouble-Ménage, troisième édition. *Paris, Dentu,* 1873, in-12, dem.-rel. mar. rouge dor. en tête, non rog.

   Aquarelle de Crafty, ajoutée.

934. Le Violon de Faïence, dessins en couleur, par Emile Renard, de la Manufacture de Sèvres, eaux-fortes par Adeline *Paris, Dentu,* 1877, in-8, br. couv. imp.

935. Le Violon de Faïence, nouvelle édition illustrée de 34 eaux-fortes de Jules Adeline, avant-propos de l'auteur. *Paris, Conquet*, 1885, in-8, br. couv. imp.

> Exemplaire tiré pour Champfleury, papier du Japon contenant deux états des gravures.

936. Le Violon de Faïence, nouvelle édition illustrée de 34 eaux-fortes de Jules Adeline, avant-propos de l'auteur. *Paris, Conquet*, 1885, in-8, papier du Japon, br. couv. imp.

937. Le Violon de Faïence, édition illustrée de 34 eaux-fortes de Jules Adeline. *Paris, Conquet*, 1885, in-18, cart. non rog. (*Manque le titre*).

> Exemplaire d'épreuves, avec corrections autographes. On a ajouté un dessin inédit et un dessin modifié de Jules Adeline.

938. Œuvres illustrées. Les Bourgeois de Molinchart. — Les Oies de Noël, dessins Lix, gravures de Trichon. *Paris, s. d.*, in-8, cart. non rog. couv. imp.

939. Les Demoiselles Tourangeau, nouvelle édition. *Paris, Michel-Lévy*, 1877, in-12, cart. couv. imp. — Chien-Caillou, nouvelle édition. *Paris, Dentu*, 1878, in-12, cart. couv. imp. — L'Usurier Blaizot. *Paris, Dentu*, 1880, in-12, cart. couv. imp. — La Pasquette, nouvelle édition. *Paris, Dentu*, 1881, in-12, cart. couv. imp. — Les Souffrances du professeur Delteil, nouvelle édition. *Paris*, 1886, in-12, br. couv. imp. — Les Amoureux de Sainte-Périne. *Paris, Plon, s. d.*, in-12, cart. couv. imp.

940. Histoire de l'Imagerie populaire, nouvelle édition revue et augmentée. *Paris, Dentu*, 1886, in-12, *papier de Hollande*, fig., br. couv. imp.

941. M. Tringle, illustré par Léonce Petit. *Paris*, 1886, in-8, fig. coloriées, cart. de l'éditeur.

942. Les Drames du faubourg Saint-Marceau. La Fille du Chiffonnier. Claire Couturier. *Paris, Librairie des publications à
5 centimes; s. d.* Ensemble 4 vol. in-18, cart. couv. imp.

Imagerie populaire

943. Contes choisis. Les Trouvailles de M. Bretoncel. La Son-
nette de Monsieur Berloquin. Monsieur Tringle, nombreuses
illustrations dans le texte, à l'eau-forte, en typographie, par
Evert Van Muyden. *Paris, Quantin,* 1889, in-8, papier du
Japon, avec suites, br. couv. imp.

944. Contes choisis. *Paris, Quantin,* 1889, in-8, papier vergé,
br. couv. imp.

945. La Vérité sur le cas de M. Champfleury, par Hippolyte
Babou. *Paris, P. Malassis,* 1857, in-18, cart. — Champfleury.
Le Réalisme et ses procédés littéraires, étude bio-bibliographique, par Laporte. *Paris,* 1885, in-8, cart. non rog. couv.
imp.

VIII

Manuscrits Autographes.

946. Catalogue de l'œuvre de Daumier. Notes et indications, adjonctions et rectifications. Environ 40 pages autographes.

947. Richard Wagner, 13 pages in-8. — Epreuves de la brochure avec corrections autographes. En 1 vol. in-4, cart.

948. Les Illustrateurs de livres au xixᵉ siècle. Daumier, 4 pages in-4, cart.

949. La Mascarade de la Vie parisienne, *s. l. n. d.* (1859), in-8, édition du journal, en feuilles.

> Interrompu par ordre ministériel dans l'*Opinion nationale*, on a joint à la fin du manuscrit, 40 pages autographes.

950. Daumier. Projet de catalogue 1830-1872. Notes autographes, Environ 50 pages, in-8.

951. Surtout n'oublie pas ton Parapluie, 43 pages in-4, cart.

952. Le Secret de M. Ladureau, 40 pages in-4, cart.

953. L'Héritage de la Pasquette, 124 pages in-8, cart.

IX

Ouvrages en Nombre

954. Le Violon de Faïence, dessins en couleur, par E. Renard, eaux-fortes, par Adeline, *Paris, Dentu,* 1877, in-8, br. couv. imp.

> 4 exemplaires.

955. Balzac Propriétaire. *Paris*, 1876, in-12, papier de Hollande, br. couv. imp.

20 exemplaires.

956. Balzac au Collège. *Paris*, *Palay*, 1878, in-18, br. non rog.

10 exemplaires.

957. L'Avocat Trouble-Ménage, comédie en trois actes, précédée d'un prologue, *s. l. n. d.* (*Laon, Imp. Ed. Houssaye*), in-4. (Tiré à 15 exemplaires).

7 exemplaires.

958. Une Mosaïque de Faïence au Musée de Sèvres, 1887, in-4, 5 pages. (Tirage à part de la *Revue des Arts décoratifs*).

18 exemplaires.

959. Documents positifs sur la vie des frères Le Nain. *Paris*, 1865, in-8, br. couv. imp.

5 exemplaires.

960. Histoire des Faïences patriotiques sous la Révolution, troisième édition. *Paris, Dentu*, 1875, in-12, br. couv. imp. (2 exemplaires). — Histoire de l'Imagerie populaire, nouvelle édition. *Paris, Dentu*, 1886, in-12, br. couv. imp. (2 exemplaires).

Ensemble 4 exemplaires.

961. Bibliographie céramique. *Paris, Quantin*, 1881, in-8, br. couv. imp.

2 exemplaires.

962. La Société des Gens de Lettres de l'Avenir. *Paris, Vallée*, 1864, br. in-8, couv. imp.

6 exemplaires.

963. Œuvres illustrées, dessins de Lix. *Paris, Administration rue Suger, s. d*, in-8, br. couv. imp.

14 exemplaires.

964. Les Aventures de Mademoiselle Mariette. *Paris, Charpentier*, 1874, in-12. (3 exemplaires). — Monsieur de Boisdhyver. *Paris, Charpentier*, 1876, in-12 (3 exemplaires). — Les Amoureux de Sainte-Périne. *Paris, Charpentier*, 1873 (3 exemplaires). — La Succession de Camus. *Paris, Michel Lévy*, 1863, in-12 (2 exemplaires). — Chien-Caillou. *Paris, Dentu*, 1882 (3 exemplaires). — Les Amoureux de Sainte-Périne. *Paris, Plon, s. d.* (1 exemplaire). — La Pasquette. Le Professeur Delteil. *Paris, Dentu*, 1886 (4 exemplaires). — Le Violon de Faïence. *Paris, Marpon* (14 exemplaires). — Le Secret de M. Ladureau. *Paris, Dentu*, 1875 (2 exemplaires). — L'Avocat Trouble-Ménage. *Paris, Dentu*, 1873 (3 exemplaires). Ensemble 38 volumes.

965. Madame Eugénio. *Paris, Charpentier*, 1873 (2 exemplaires). — La Comédie académique. *Paris, Charpentier*, 1875. — Surtout n'oublie pas ton Parapluie. *Paris, Dentu*, 1881. — Fanny Minoret. *Paris, Dentu*, 1882 (2 exemplaires). — La Comédie de l'Apôtre. *Paris*, 1886, in-12 (2 exemplaires).

Ensemble 8 volumes. Premières éditions.

966. Monsieur Tringle. *Paris, Dentu*, 1866, in-12, br. couv. imp.

280 exemplaires.

967. Le Peintre ordinaire de Gaspard Deburau, *Paris, Imprimerie de l'Art*, 1889, in-8, portr. et fig., br. couv. imp.

102 exemplaires.

TABLE

CHAMPFLEURY

IMPRIMERIE J. MONTORIER

16, PASSAGE DES PETITES-ÉCURIES, PARIS

Sapevi che tutte le malattie hanno origine nella mente di ciascuno di noi e che sono i fattori mentali i veri responsabili di tutti i tipi di disturbi che proviamo quotidianamente?

Forse non lo sai ma questi stessi fattori vanno a manifestarsi sull'elemento più esposto del nostro corpo: la pelle. Non è quindi un caso se poi l'aspetto che abbiamo davanti allo specchio ogni mattina va in realtà a rivelare lo stato di salute dell'intero organismo. Per questo motivo fronte, guance e mento non sono altro che elementi rilevatori dei disturbi di tutti i nostri organi.

Se ti dicessi adesso che esiste un modo, semplice ed efficace, per ascoltare attentamente il nostro corpo così da vivere meglio e più a lungo, ci crederesti? In questo libro, vi sveleremo tecniche e consigli pratici per creare le basi di una bellezza che dura per sempre.

LUCEM & DOCTOR B

Irina Bressan nata in Russia nel 1970. Moglie di Mariano Bressan e mamma di Serafima. A 11 anni rimane orfana di entrambi i genitori, all'età di 17 anni si ammala gravemente e viene dichiarata clinicamente morta dai medici, ma l'incontro con qualcuno la fa ritornare indietro. A 28 anni adotta una bambina con un problema di salute dalla nascita. Nel 1995 durante un viaggio di lavoro in Italia incontra Mariano Bressan, nato nel 1965, stimato enologo e produttore di vini. Da qui nasce una profonda storia d'amore, si sposano nel 2002.

Uniti dalla passione per la Natura e la Ricerca nel 2003 iniziano gli studi presso il "Center of Intellectual Medical Systems" di Mosca studiando vari dispositivi medici all'avanguardia (Imedis Test) e ricercando soluzioni per la guarigione. Da questa esperienza decidono di continuare gli studi. Irina in Germania conclude l'Accademia di Omega Health Coach di Roy Martina, successivamente studia Touch for Health e Neuro Training e infine si diploma come Kinesiologa Naturopata. E' inoltre esperta di Nutrizione Consapevole e Fitoterapia.

Mariano consegue la Laurea in Scienze Erboristiche e la Laurea in Farmacia. Successivamente amplia le sue conoscenze presso l'Istituto di Kinesiologia apprendendo la pratica di Test Muscolare e diventando BioTrainer. Appassionato di Medicina Tradizionale Cinese continua ad ampliare le sue conoscenze con diversi Maestri. Ha fatto varie esperienze lavorative in aziende di produzione di cosmetici naturali e nell'aziende di famiglia. Oggi lavora presso l'Ecobiolab Galenico come Direttore Tecnico, dove segue personalmente tutte le fasi di produzione secondo i ritmi della Natura. Vive felicemente sposato con sua moglie Irina.

Nel centro da loro creato Irina e Mariano tengono corsi e sessioni, oltre a produrre cosmetici vibrazionali. La loro azienda è una delle poche i cui prodotti sono amati proprio perché sviluppati per gli esseri umani, non per i mercati.

ISBN 9788861747845

€ 19,99

9 788861 747845